Petra Theisen, Heidi Hehrlein

Das große hessenquiz

mit Jörg Bombach

Quiz dich hessisch!

Das Buch zur Sendung mit neuen Fragen und Antworten

hr fernsehen

Bildnachweis

S. 6: Stadt Stadtallendorf – Der Magistrat; **S. 7**: Zsazsa Szalontai; **S. 8, 11**: Henschel-Museum + Sammlung e.V.; **S. 9 o., 87, 122, 125, 160, 163, 188 o., 222 u., 226 o.**: Hessischer Rundfunk; **S. 9 u.**: Michael Scheibe; **S. 10**: Michelstädter Rathausbräu; **S. 12, 31, 50, 69, 88, 107, 126, 145, 164, 183, 202, 221, 240**: Heidi Hehrlein; **S. 13, 16 u.**: Jörg Wilke; **S. 14, 15, 63**: Makrodepecher/pixelio.de; **S. 16 o.**: Kulturamt der Stadt Lorsch; **S. 17**: Thorsten Schacht; **S. 18, 120, 134, 140 o., 158 u., 216 o.**: Bernd Schmitt; **S. 19**: Oetinger Verlag/Jörg Schwalfenberg; **S. 20**: Stadt Lauterbach; **S. 21, 181 u.**: Stefanie Scholl; **S. 22, 47, 68, 74, 204, 236, 242, 245**: Wikipedia; **S. 23**: Erwin Fauß; **S. 25**: Heiko Katenkamp/pixelio.de; **S. 26, 72**: kassel tourist GmbH; **S. 28 o.**: travelpeter/Fotolia; **S. 28 u.**: Hassia Mineralquellen GmbH & Co. KG; **S. 29**: Kulturbahnhof e.V.; **S. 30**: Petra Schuffenhauer; **S. 32, 35 u.**: DTZ Zadelhoff Tie Leung GmbH; **S. 34**: Christina Marx, Hungen; **S. 35 o.**: German E-Cars GmbH; **S. 37**: Bundesamt für Kartographie und Geodäsie; **S. 38, 41**: Kujtim Mustafi; **S. 39**: Natural History Museum Oslo, Norway/Per Aas; **S. 40**: Hanna Wallbraun; **S. 42**: Welterbe Grube Messel GmbH; **S. 44**: Kurverwaltung Bad Zwesten; **S. 45**: „Menschen für Menschen"/Rainer Kwiotek; **S. 46, 49, 194**: Museumslandschaft Hessen Kassel; **S. 48**: „Menschen für Menschen"; **S. 51**: Siegbert Pinger/pixelio.de; **S. 52, 54 u.**: Fliegerschule Wasserkuppe; **S. 53**: Schneegans GmbH u. Co. Bauwerkzeug KG; **S. 54 o.**: Presse- und Informationsamt der Bundesregierung; **S. 56, 237 o.**: Richard Scharpenberg/pixelio.de; **S. 58, 61**: Stadt Hofgeismar; **S. 59**: Christoph Hess Fotodesign; **S. 60, 192**: Senckenberg Gesellschaft für Naturforschung; **S. 64, 66 u.**: Südzucker AG; **S. 66 o**: Eberhard/pixelio.de; **S. 67**: Gießen Marketing GmbH; **S. 70 o., 133**: Fraport AG; **S. 70 u.**: Westdeutscher Rundfunk Köln/Fotoredaktion; **S. 73**: Timo Klostermeier/pixelio.de; **S. 75**: Rhön Tourismus & Service GmbH Landkreis Fulda/Arnulf Müller; **S. 76**: Lupo/pixelio.de; **S. 77**: Tourismus Service Bergstraße e.V.; **S. 78**: Sternenpark im Biosphärenreservat Rhön; **S. 79 o.**: Mollenhauer Blockflötenbau; **S. 79 u.**: Regionalpark RheinMain/Stefan Cop; **S. 80**: Verwaltung der Staatlichen Schlösser und Gärten; **S. 82**: Otto Kirchner; **S. 83**: Holger Seeger/pixelio.de; **S. 85, 187**: Naturpark Meißner-Kaufunger Wald; **S. 86**: Markus Bliesener/pixelio.de; **S. 89**: Egmont Verlagsgesellschaft; **S. 91**: Hessische Staatskanzlei; **S. 92**: Panini Verlags GmbH; **S. 93**: Sven Gangnus; **S. 94**: Wolfgang Horlebein/pixelio.de; **S. 95**: Westdeutscher Rundfunk Picture Pool; **S. 96**: Stadt Bad Schwalbach; **S. 97**: Genossenschaft Deutscher Brunnen (GDB); **S. 98**: Semmel Concerts GmbH; **S. 99**: Helmut Trimper; **S. 101, 105 o.**: GRIMMWELT Kassel/Andreas Berthel; **S. 102**: Bundesamt für Zentrale Dienste und offene Vermögensfragen (BADV); **S. 103**: gs-fewo/pixelio.de; **S. 104**: Odenwald Tourismus GmbH; **S. 105 u., 200 u.**: Stadt Kassel; **S. 106**: Bundesamt für Zentrale Dienste und offene Vermögensfragen (BADV)/Foto: Hans-Jürgen Fuchs/Künstler: Heinz Hoyer; **S. 108, 111 u.**: Ruhmservice GmbH; **S. 110**: Mathildenhöhe Darmstadt/Nikolaus Heiss; **S. 111 o.**: Heraeus Holding GmbH; **S. 112**: Erich Westendarp/pixelio.de; **S. 113**: Dieter Kaiser/pixelio.de; **S. 114**: Rainer Sturm/pixelio.de; **S. 116**: Edersee Touristik GmbH/C. Finke; **S. 117**: Schilz GmbH/Harald Schilz; **S. 118**: Bosch Thermotechnik GmbH; **S. 121, 124**: Bad Karlshafen GmbH; **S. 123 o.**: Walter Flögel; **S. 123 u.**: DE-CIX Management GmbH; **S. 127, 130 o. rechts und links:** myKolter.de; **S. 129**: Angela Rohde/Fotolia; **S. 130 u.**: Smudo (Michael B. Schmitt); **S. 132**: Büdinger Tourismus und Marketing GmbH; **S. 135 o.**: Miriam Elmers; **S. 135 u.**: Sell GmbH; **S. 136**: Heimat- und Trachtenverein Schlitzerland e.V.; **S. 137**: Johannisberger Weinvertrieb KG; **S. 139, 142 u.**: Carl Jung GmbH; **S. 140 u., 144**: Studio 100 Media; **S. 141**: city-map Kassel; **S. 142 o.**: Cornerstone/pixelio.de; **S. 143 o.**: Commerzbank AG; **S. 143 u.**: NABU/Ingolf Grabow; **S. 146**: Managementgesellschaft für Hafen und Markt mbH/HFM/Jim Brutto; **S. 148**: Stadt Dillenburg; **S. 149**: Andreas Hermsdorf/pixelio.de; **S. 150**: Andreas Pott/pixelio.de; **S. 151**: Gleitschirm-Flugschule Papillon Paragliding (RDGW) GmbH; **S. 152 o., 155 o.**: Au Pair World; **S. 152 u.**: OFC Kickers 1901 e.V.; **S. 154, 199**: Tourist Information Poppenhausen; **S. 153, 155 u., 156:** Hessische Vereinigung für Tanz- und Trachtenpflege; **S. 158 o.**: Ulrich Berlet/pixelio.de; **S. 159**: Tourismus + Congress GmbH Frankfurt am Main; **S. 161**: Irene Lehmann/pixelio.de; **S. 162**: DREiDEEN; **S. 165, 168 o.**: Matthes & Seitz Berlin; **S. 167**: Adam Opel AG; **S. 168 u.**: Westdeutscher Rundfunk Herby Sachs; **S. 169**: Hessisches Kegelspiel e.V./Helmut Käsmann; **S. 170**: Dieter Schütz/pixelio.de; **S. 171**: Freies Deutsches Hochstift/David Hall; **S. 172 o.**: bureau Weidenfeld; **S. 172 u.**: Hotel Burg Trendelburg; **S. 173 o., 173 u.**: Kubacher Kristallhöhle; **S. 174 o., 174 u.**: Holzspielwaren A. Krämer; **S. 175**: Palmengarten der Stadt Frankfurt/M.; **S. 177**: Leica Camera AG; **S. 178**: ec.europa.eu; **S. 179**: Jasmin Staab/pixelio.de; **S. 180**: Wanderportal Rhein-Main; **S. 181 o.**: Touristinformation Wetzlar; **S. 182**: Stadt- und Kreisbildstelle Kassel/documenta-Archiv; **S. 184 o.**: Zweckverband Naturpark Meißner – Kaufunger Wald; **S. 184 u.**: Hessischer Rundfunk/Kurt Bethke; **S. 185, 188 u.**: J. Weck GmbH & Co. KG; **S. 186**: VicampoWeinbilder/pixelio.de; **S. 189, 193 o.**: SodaStream GmbH; **S. 190 o., 193 u.**: JG-Motorradbestattungen; **S. 190 u.**: Fridericianum/Nils Klinger; **S. 196**: Kassel Marketing GmbH; **S. 197 o. 200 o.**: koziol „ideas for friends" GmbH; **S. 197 u.**: Rosel Eckstein/pixelio.de; **S. 198**: Eintracht Frankfurt; **S. 201**: Bayer 04 Leverkusen Fußball GmbH; **S. 203, 225**: Hessischer Landtag, Kanzlei/Hermann Heibel; **S. 205**: Kurbetrieb Bad Hersfeld; **S. 206**: Südwestrundfunk; **S. 208**: Tourist-Information Willingen; **S. 210**: camera obscura/pixelio.de; **S. 211**: Gebr. Rummel GmbH & Co. KG; **S. 212 o.**: friedola Gebr. Holzapfel GmbH; **S. 212 u.**: Ralf Mackel; **S. 215, 218**: Julien Christ/pixelio.de; **S. 216 u., 220**: Elfie und Pitze Eckhart GbR; **S. 219**: Johannisberger Weinvertrieb KG; **S. 222 o.**: Hessisches Ministerium des Inneren und für Sport; **S. 224**: Edersee Touristik GmbH; **S. 226 u.**: Rainer Reimund; **S. 227, 231**: Hessenpraline; **S. 228**: Matthias Mittenentzwei/pixelio.de; **S. 230**: Jürgen Chorus; **S. 232**: Stefan Bahn; **S. 234**: Terry U. Weller/pixelio.de; **S. 235 o.**: Rosel Eckstein/pixelio.de; **S. 235 u.**: Ullstein Taschenbuch; **S. 237 u.**: Katholische Kirche Fritzlar; **S. 238 o.**: Janina Strothmann; **S. 238 u.**: Ullstein Buchverlag/Felix Brüggemann; **S. 239**: Hirschmann Laborgeräte GmbH & Co. KG; **S. 241**: Magistrat der Kreisstadt Heppenheim; **S. 243**: Verlagsgruppe Lübbe/Olivier Faure; **S. 244**: Bickhardt Bau AG; **S. 246**: Deutsches Filminstitut DIF e.V./Deutsches Filmmuseum; **S. 247**: dieter76/Fotolia; **S. 249**: Städel Museum; **S. 250**: Tim Simmert; **S. 251**: GrimmHeimat Nordhessen

1. Auflage 2016

Gestaltung und Satz: Christiane Zay, Potsdam
Druck und buchbinderische Verarbeitung:
Druck- und Verlagshaus Thiele & Schwarz GmbH, Kassel

D-34281 Gudensberg-Gleichen, Im Wiesental 1
Telefon: +49 (0) 56 03 - 9 30 50
www.wartberg-verlag.de
ISBN 978-3-8313-2277-0

LIEBE HESSENQUIZZER,

mit „Quiz dich hessisch" halten Sie ein Buch in den Händen, das Sie spielerisch durch unser Hessenland führt.

Es ist unglaublich, wie abwechslungsreich die hessischen Städte und Landschaften sind, welch wichtige Arbeitgeber Hessen hat und wie interessant die Menschen sind, die Hessen prägen und in den Medien immer wieder für Schlagzeilen sorgen. Vielleicht liegt dies auch daran, dass unser Land immer multikultureller wird und sich so ständig weiterentwickelt.

Es geschieht viel in Hessen, vor allem viel Außergewöhnliches – sowohl im Norden als auch im Süden unseres Landes. Das ist auch der Grund, warum die Redaktion auch nach über zehn Jahren immer wieder neue interessante Fragen für ihr Publikum findet – Fragen, die zu spannenden Ausflügen einladen oder Innovationen und Zusammenhänge erklären. Auch der Blick auf die Geschichte Hessens zeigt, dass es viele tolle Sehenswürdigkeiten und attraktive Angebote gibt. Diese Tipps inklusive Adressen haben wir übrigens den richtigen Antworten beigefügt. Und natürlich darf man nicht die hessische Mundart vergessen, die in vielen Orten immer noch gelebt und gesprochen wird und sich deshalb auch heute noch lebendig und emotional präsentieren kann.

Wenn Ihnen unser Buch gefällt und Sie mit Spaß und Leichtigkeit die Fragen beantworten konnten, dann bewerben Sie sich doch einmal als Kandidat bei uns.

Wir freuen uns auf Sie!

Wir wünschen Ihnen beim Quizzen viel Spaß und Freude!

Ihr Hessenquizteam

hessenquiz 1

STADT LAND FLUSS

Los geht es mit Geografie! Hessen hat eine Gesamtfläche von rund 21.000 km² und ist unterteilt in 21 Landkreise – vom Landkreis Kassel hoch im Norden bis zum Landkreis Bergstraße, der den südlichsten Zipfel Hessens bildet. Natürlich unterscheiden sich die Landkreise auch in ihrer Fläche – der größte Landkreis ist beispielsweise gut achtmal so groß wie der kleinste. Das führt zu folgender Frage:

Welcher ist der flächenmäßig größte hessische Landkreis?

A Vogelsbergkreis
B Main-Kinzig-Kreis
C Schwalm-Eder-Kreis
D Waldeck-Frankenberg

MACHT UND MACHER

Was würde die Welt nur ohne Hessen machen? Und was ohne Stadtallendorf? Denn hier legte 1956 ein junger Italiener aus Alba den Grundstein zu einer Fabrik, die heute zu den größten ihrer Art weltweit zählt. Rund 3600 Mitarbeiter produzieren in der mittelhessischen Stadt für ganz Deutschland etwas Süßes, auf das viele Schleckermäuler nicht verzichten können – und auch nicht wollen.

Welche süße Sünde wird in Stadtallendorf produziert?

A Magnum **B Nutella**

C Ritter Sport **D Haribo**

KLATSCH UND LEUTE

Südhessen ist die Heimat schneller Menschen – das scheint zumindest für den Motorsport zu gelten. Der mehrfache Formel-1-Weltmeister Sebastian Vettel wurde in Heppenheim geboren und sein Renn-Kollege Timo Glock erblickte im nicht weit entfernten hessischen Lindenfels das Licht der Welt. Dreimal stand der Odenwälder Glock in seinen Formel-1-Jahren oben auf dem Podest, ehe er 2013 in die Tourenwagen-Rennserie DTM wechselte. Obwohl er heute in der Schweiz lebt, ist Glock kulinarisch seiner hessischen Heimat eng verbunden geblieben: Er ist nämlich bekennender Fan eines typisch Odenwälder Gerichts ...

Welche Odenwälder Spezialität ist die Leibspeise von Timo Glock?

A Spargeltorte **B Kochkäseschnitzel**

C Matjes mit Schmand **D Zwiebelkuchen**

VERGISSMEINNICHT

Im Jahr 1810 wurde in Kassel die Gießerei Henschel & Sohn gegründet, die zunächst Dampfmaschinen produzierte. Mit der zunehmenden Industrialisierung Europas wuchs bald der Bedarf an neuen Transportmöglichkeiten – und das Unternehmen stieg in das Eisenbahngeschäft ein. Zeitweise war die Firma Henschel sogar der größte Lokomotiven-Hersteller in Europa. Legendär aber ist die erste Dampflok, die im Juli 1848 das Werksgelände in Kassel verließ.

Wie wurde die erste von Henschel im Jahr 1848 gebaute Dampflokomotive genannt?

A Drache | **B Dinosaurier**
C Schlange | **D Gepard**

MUNDART

Für die erste Mundartfrage geht es nun in den Main-Kinzig-Kreis, wo es für die alltäglichen Dinge des Lebens besonders schöne Wörter gibt …

Was ist im Main-Kinzig-Kreis ein „Fortzklopper"? Ein …

A Sprüchemacher | **B Mensch mit Blähungen**
C Mofa | **D Bohneneintopf**

STADT LAND FLUSS

D ist richtig, Waldeck-Frankenberg. Beim Blick auf die Karte unterscheiden sich die vier als Antwort vorgeschlagenen Landkreise größenmäßig nicht so deutlich – im hessenweiten Ranking der vier größten Landkreise liegt Waldeck-Frankenberg aber klar vorne:

1.	Waldeck-Frankenberg	1.848,45 km²
2.	Schwalm-Eder-Kreis	1.538,49 km²
3.	Vogelsbergkreis	1.458,99 km²
4.	Main-Kinzig-Kreis	1.397,55 km²

MACHT UND MACHER

Natürlich ist B, Nutella, die richtige Lösung, denn wer hat sie noch nicht probiert, die wohl bekannteste Nuss-Nougat-Creme der Welt? Diesen Erfolg hatte sich der Konditor Pietro Ferrero, der Erfinder des schokoladigen Brotaufstriches, bestimmt nicht träumen lassen, als sein Sohn Michele in Stadtallendorf die erste Auslandsniederlassung seiner kleinen Fabrik gründete. Mit fünf Mitarbeitern startete die Produktion, nach einem Jahr beschäftigte Ferrero schon rund 150 Angestellte. Ferrero ist es mit dem Brotaufstrich gelungen, die Kalorien in unserem Bewusstsein zur Nebensache zu machen. In den 60er-Jahren empfahlen Kinderärzte bei schlechten Essern sogar Nutella zum Frühstück! Diesen Rat würde heute wohl niemand mehr geben ...

KLATSCH UND LEUTE

Richtig ist B, Kochkäseschnitzel. Das Rezept hierfür ist ganz simpel: Auf ein fertig gebratenes paniertes Schweine- oder Kalbsschnitzel wird großzügig Kochkäse verteilt und mit Bratkartoffeln serviert. Einfach nur lecker!

VERGISSMEINNICHT

Hier stimmt die Antwort A, der Drache. Ab 1848 war der „Drache" als erste Henschel-Lokomotive auf hessischen Schienen unterwegs – genau gesagt: auf dem Streckennetz der Friedrich-Wilhelms-Nordbahn-Gesellschaft. Diese war 1844 gegründet worden, um ein Eisenbahnnetz im Kurfürstentum Hessen zu verwirklichen. Heute ist der „Drache", der 1868 nach zwanzigjähriger Betriebszeit ausgemustert wurde, im Maßstab 1:1 als Leihgabe des Henschel-Museums im Kasseler Technik-Museum zu bewundern – und allemal einen Besuch wert!

Ausflugtipp

300 Jahre Technikgeschichte erleben im:
Technik-Museum Kassel
Wolfhager Straße 109
34127 Kassel
Tel.: 0561 86190400

Dem technischen, unternehmerischen und sozialen Wirken der Familie Henschel gewidmet ist das
Henschel-Museum + Sammlung e.V.
Wolfhager Straße 109
34127 Kassel
Tel.: 0561 8017250
Weitere Informationen unter: **museum@henschel-museum.net**

MUNDART

C ist richtig, ein Mofa. Fortzklopper – vielleicht weil Mofas öfter mal mit Fehlzündungen zu kämpfen haben?

WO BIN ICH?

Geografie einmal anders: das hessenquiz-Team hat Grundschulen in ganz Hessen besucht und sich dort von Erstklässlern bekannte Städte und Landschaften unseres Bundeslandes beschreiben lassen. Die Kinder waren mit viel Spaß dabei – und herausgekommen sind ehrliche, lustige und manchmal auch überraschende Aussagen zu den jeweiligen Orten. Welche Stadt sich wohl hinter diesen Beschreibungen verbirgt? Schnell lesen und noch schneller raten!

- diese Stadt war früher richtig reich
- da sind immer so Esel über ein Treppchen gelaufen
- und es gibt auch eine ganz, ganz alte Brücke
- hier gibt es ganz viele Fachwerkhäuser
- einen Dom haben wir auch
- darin feiern die Katholischen und die Evangelischen Gottesdienst
- bei uns gibt es alle drei Jahre das Ochsenfest
- der Hessentag war sogar schon zweimal da
- in unserer Stadt gibt es eine Firma, die baut Fotoapparate
- und der Fabian, der war schon mal Weltmeister und hat eine Goldmedaille bei Olympia bekommen
- hier war das Reichskammergericht
- es gibt ein Haus, das heißt wie ein Mädchen: nämlich „Lottehaus"
- das kommt, weil der Goethe sich in die Lotte verliebt hatte, aber die Lotte war schon mit einem anderen verliebt
- als der Goethe das erfahren hat, ist er von hier weggefahren
- und dann hat er eine Geschichte geschrieben
- das ist ein Buch, das ganz, ganz oft verkauft wurde

Welche Stadt haben die Kinder beschrieben?

A Fritzlar	**B Limburg**
C Wetzlar	**D Frankfurt**

MACHT UND MACHER

An der Bergstraße ist das Wetter meist einen Tick schöner als im restlichen Hessen. Kein Wunder also, dass hier schon immer exotische Pflanzen wachsen konnten – wie beispielsweise in Lorsch, am Fuße der Bergstraße gelegen. 300 Jahre lang baute man hier bis in die 1980er-Jahre hinein eine ganz besondere Pflanze an. Dank eines Kulturprojektes der Stadt Lorsch erlebte sie 2013 ein großes Comeback.

Welche exotische Pflanze wird seit 2013 wieder in Lorsch angebaut?

A Kakao **B Tabak**

C Reis **D Hanf**

KLATSCH UND LEUTE

Wer an einem schönen Augusttag Willingen im Upland besucht und dort Ungewohntes hört und sieht, kann seinen Sinnen ruhig trauen. Jedes Jahr begeistert hier nämlich auf dem Ettelsberg ein Event der ganz besonderen Art zahlreiche Besucher.

Was findet jedes Jahr im August in Willingen statt?

A ein Striptease-Rennen **B ein Papageien-Treffen**

C eine Alphornmesse **D ein Jodelwettbewerb**

VERGISSMEINNICHT

Als 1925 das Frankfurter Waldstadion mit einem Fußballspiel eröffnet wurde, war unter den Zuschauern der neunjährige Karl Wald. Zwar verlor der FSV Frankfurt das Endspiel um die deutsche Meisterschaft, doch für den Frankfurter Bub war dies der Beginn einer lebenslangen Leidenschaft. 1936 erwarb Karl Wald bei seinem Stammverein Rot-Weiss Frankfurt die Schiedsrichterlizenz und leitete bis zum Ende seiner Schiedsrichterkarriere in den 1970er-Jahren über 1000 Spiele. Klar, dass er in dieser Fußballer-Zeit vieles erlebt hatte und sich so seine Gedanken machen konnte. Deshalb hat er auch etwas erfunden, mit dem er die Fußballwelt revolutionierte.

Was erfand der gebürtige Frankfurter Karl Wald für die Fußballwelt?

A Stollenschuhe
B die Torlinie
C den Frauenfußball
D das Elfmeterschießen

MUNDART

Auch in der alten Bischofsstadt Fulda trifft man alle nur denkbaren Menschentypen. Und für einige hat der Volksmund sehr hübsche Bezeichnungen gefunden.

Welche Person wird in der Fuldaer Mundart „Scheeseguell" genannt?

A ein Workaholic
B ein alter Geizkragen
C der Geliebte einer Frau
D ein leichtlebiges Mädchen

WO BIN ICH?

Antwort C ist richtig: Wetzlar. Die Kinder der Lotteschule in Wetzlar haben uns ihre Stadt sehr einfallsreich beschrieben. Rund 50.000 Einwohner hat heute die Stadt im Lahn-Dill-Kreis, die einst Kaiser Friedrich I. Barbarossa zur Reichsstadt erklärt hatte und die ab dem 17. Jahrhun-

dert Sitz des höchsten Gerichts des Heiligen Römischen Reiches Deutscher Nation war. Hier am Reichskammergericht absolvierte Johann Wolfgang von Goethe ein Praktikum – allerdings war er weniger den Paragrafen als der schönen Lotte Buff zugeneigt. Seine unglückliche Liebe zu der schönen Wetzlarerin verarbeitete er in seinem berühmten Roman „Die Leiden des jungen Werthers", mit dem er Wetzlar weltweite Bekanntheit verschaffte. Die Stadt hat aber noch mehr vom Weltruhm zu bieten: Fabian Hambüchen zum Beispiel, Weltmeister, Europameister und Olympiasieger im Kunstturnen – oder die Firma Leica Camera AG, die legendäre Fotoapparate und Ferngläser fertigt. Sehenswert ist natürlich auch die historische Altstadt mit ihrem Dom und den Fachwerkhäusern sowie die steinerne Lahnbrücke, die einst Teil des mittelalterlichen Handelsweges von Frankfurt nach Köln war und die zu den ältesten noch erhaltenen Brücken in Hessen zählt.

MACHT UND MACHER

B stimmt, Tabak. Über 300 Jahre lang war die südhessische Stadt an der Bergstraße geprägt vom Tabakanbau und der Zigarrenherstellung. Die letzte Tabakfabrik schloss 1983. Dreißig Jahre später wagte

das Kulturamt der Stadt Lorsch einen Neustart und rief das „Lorscher Tabakprojekt" ins Leben: Ein Bürgerprojekt, das die Geschichte des alten Dorfes in Erinnerung rufen sollte – bestimmte doch jahrhundertelang die Tabakpflanze das Leben der Lorscher, von der Aussaat im März bis zum Abhängen der getrockneten Tabakblätter in den Tabakscheunen im November. Vornehmlich an Samstagen trafen sich die frisch ernannten Tabakanbauer, um gemeinsam zu säen, zu gießen, zu haken, zu düngen und schließlich zu ernten. 2014 war es dann endlich wieder so weit: Die rührigen Lorscher konnten die ersten Zigarren der Marke „Lorsa Brasil" genüsslich probieren. Das Urteil fiel durchweg positiv aus, denn die „Lorsa Brasil" überraschte mit einem weichen, vollmundigen und würzigen Rauch.

KLATSCH UND LEUTE

Richtig ist tatsächlich C, denn in Willingen gibt es eine Alphornmesse. 1994 erschallte zum ersten Mal der musikalische Weckruf zum Ökumenischen Gottesdienst vom Ettelsberg hinunter ins Tal. Damit beginnt noch immer das Alphorntreffen am letzten Sonntag im August, bei

dem seit 1998 jährlich mehr als 200 Musiker aus Deutschland, Belgien, den Niederlanden und der Schweiz vor mehreren Tausend Christen gemeinsam musizieren. Im Anschluss an den Gottesdienst wird dann natürlich zünftig weitergefeiert!

VERGISSMEINNICHT

Antwort D stimmt, Karl Wald aus Frankfurt erfand das Elfmeterschießen zur Spielentscheidung. Bis 1970 wurde ein unentschiedenes Spiel nämlich per Los oder Münzwurf entschieden! Karl Wald empfand diese Lösung als unsportlich und testete zunächst seine neue Idee bei kleineren Turnieren, ehe er sie 1970 der Öffentlichkeit vorstellte. Schon bald übernahmen der Deutsche-Fußball-Bund und 1976 dann auch der Weltverband FIFA die Neuerung.

MUNDART

C ist richtig, der Geliebte einer Frau. Eigentlich ist der „Scheeseguell" ein „Chaise-Gaul", also ein Kutschpferd – na ja, so manch ein Geliebter verbringt ja auch einen großen Teil seiner Zeit damit, seine Freundin irgendwohin zu kutschieren ...

STADT LAND FLUSS

Im Sommer 2014 sorgte eine Schlagzeile in Frankfurt für große Aufregung: Der Eiserne Steg drohte einzustürzen! Sollte eines der bekanntesten Baudenkmäler Frankfurts tatsächlich in den Fluten des Mains untergehen? Wochenlang stand das Wahrzeichen der Stadt deshalb unter genauer Beobachtung und erst nach sorgfältiger Prüfung gab das zuständige Verkehrsdezernat für die 1869 erbaute Fußgängerbrücke über den Main Entwarnung. Einheimische und Touristen konnten wieder ungehindert von der Frankfurter Innenstadt hinüber nach Sachsenhausen schlendern.

Wodurch schien der Eiserne Steg in Frankfurt 2014 bedroht? Durch ...

A Vogelkot

B Liebesschlösser

C knabbernde Fische

D Rost

MACHT UND MACHER

Schweden – das ist für viele das Land von ABBA und der Mitternachtssonne. Schweden ist aber auch das Heimatland vieler bedeutender Erfindungen, man denke nur an Anders Celsius und seine Temperaturskala oder Alfred Nobel und das Dynamit. Eine ganz bekannte schwedische Erfindung machte sich im Jahr 1969 direkt auf den Weg nach Deutschland – und dieser Weg führte sie nach Hessen ...

Welche schwedische Erfindung wird seit 1969 in Limburg an der Lahn produziert?

A Tetra Pak **B Knäckebrot**

C schwedische Gardinen **D Möbel zum Selbstbauen**

KLATSCH UND LEUTE

Am Sonntag scheint die Sonne, am Montag kommt Herr Mon, am Dienstag ist Dienst, am Mittwoch ist die Mitte der Woche und am Samstag ...? Na klar, da kommt das Sams! Das Sams ist rothaarig, stupsnasig, hat blaue Wunschpunkte im Gesicht und ist das wohl bekannteste Buch von Paul Maar. Der vielfach ausgezeichnete Kinderbuchautor übernahm im Sommer 2015 einen ganz besonderen Job in Kassel.

Welchen Job übernahm Paul Maar im Sommer 2015 in Kassel?

A Sams-Lehrer **B Geschichten-Schreiber**

C Grimm-Professur **D Süßigkeiten-Tester**

VERGISSMEINNICHT

„In Lauterbach hab' ich mein' Strumpf verlor'n,
und ohne Strumpf geh' ich net heim.
So geh' ich gleich wieder nach Lauterbach hin
und hol' mir mein' Strumpf an mein Bein."

Dieses Lied können im osthessischen Lauterbach alle Kinder mitsingen, denn es ist das Lied vom Lauterbacher Strolch – quasi die inoffizielle Hymne der Stadt. Und wer es nicht mitsingen kann, der kennt

zumindest das Bild des kleinen Nackedeis, das die Verpackung des bekannten Käses ziert: ein kleiner lockiger Junge mit Regenschirm und Botanisiertrommel, aber seltsamerweise nur einem Strumpf, wandert frohgemut durch die Landschaft. Da stellt sich doch die Frage, wie der Strolch der Überlieferung nach seinen Strumpf verloren hat?

Warum hat der Lauterbacher Strolch seinen Strumpf verloren? Weil er den Strumpf …

A einem Armen schenkte.
B im Käsebottich verlor.
C in die Lauter fallen ließ.
D bei einer Frau vergaß.

MUNDART

Im Süden der Schwalm liegt die Gemeinde Willingshausen und hier – genauer im Ortsteil Zella – wohnt Viola John-Gies. Sie war zu einer Hochzeit eingeladen und als sie vor der Kirche zum ersten Mal die junge Braut sah, konnte sie ihren Augen kaum trauen, denn diese hatte etwas sehr Auffälliges an sich.

„Letzte Woch war ich auf einer Hüssisch. Ich sprech üsch: Ich hun noch niemols e Braut mit su gruße Bälle gesoh."

Was hatte die Braut, die Viola gesehen hatte? Große …

A Brüste
B Perlen
C Locken
D Füße

STADT LAND FLUSS

Richtig ist B, durch Liebesschlösser. Die Angst kam nicht von ungefähr: Im Juni 2014 brach das Geländer der Pont des Arts in Paris auf einer Länge von zweieinhalb Metern unter der Last der Liebensschlösser zusammen. In Frankfurt befürchtete man nun, das Gewicht der rund 20.000 Schlösser könnte die Brücke in die Knie zwingen. Aber alles gut – im August 2014 konnte das Verkehrsdezernat vermelden: Marmor und Stein bricht, aber der Eiserne Steg halte statisch allem stand. Damit hat Frankfurt Paris einiges voraus, denn dort wurden im Sommer 2015 alle Liebesschlösser von der Pont des Arts entfernt und weggeworfen.

MACHT UND MACHER

A ist die richtige Antwort, Tetra Pak. 1943 entwickelte der Schwede Dr. Ruben Rausing eine Milchverpackung, die nur wenig Material benötigte, aber maximale Hygiene versprach. Der Name leitet sich von der Pyramiden-Form des Kartons ab – und eine solche Pyramide bezeichnet man in der Geometrie als „Tetraeder". In Deutschland wurde der Tetra Pak mit der Gründung des ersten Werkes 1969 in Limburg bekannt, inzwischen ist der Firmenname geradezu zum Synonym für alle Getränke-Verbundstoffverpackungen geworden. Das Tetra Pak Produktionswerk in Limburg – übrigens das einzige in Deutschland – wird direkt aus Skandinavien mit Rohpapier beliefert und fertigt dann in mehreren

Produktionsschritten die Verpackungen für Milch, Säfte und andere Produkte an. Rund 330 Mitarbeiter produzieren hier jährlich ca. 5 Milliarden Tetra Paks, die in die ganze Welt geliefert werden. Und weil es bei uns in Hessen so schön ist, hat sogar die Deutschland-Zentrale von Tetra Pak hier ihren Sitz, nämlich in Hochheim am Main.

KLATSCH UND LEUTE

Hier stimmt die Antwort C: Grimm-Professur. Maar wurde ausgewählt, weil er in seinen Werken auch immer wieder auf die Märchen der Brüder Grimm anspielt. Für die Grimm-Gastprofessur beruft das

Institut für Germanistik der Universität Kassel seit 1985 namhafte Autorinnen und Autoren der Gegenwart. Die Professoren halten nicht nur eine Vorlesung, sondern bieten auch ein öffentliches Seminar an, das nicht nur Studenten, sondern allen Bürgerinnen und Bürgern der Stadt offensteht. So bietet sich Interessierten die Gelegenheit, mit dem Autor oder der Autorin über das literarische Werk zu diskutieren und einen Einblick in den Entstehungsprozess von Literatur zu erhalten. Inhaber der Professur waren unterschiedliche Persönlichkeiten wie die Nobelpreisträgerin Herta Müller, der Dramatiker Tankred Dorst und 2015 als erster Kinder- und Jugendbuchautor der Sams-Erfinder Paul Maar.

VERGISSMEINNICHT

D stimmt, weil er den Strumpf bei einer Frau vergaß. Der „Strolch" war nämlich der Überlieferung nach kein kleiner Junge, sondern ein wandernder Strumpfmachergeselle, der in Lauterbach für einige Zeit Quartier bei einer Meisterin seiner Zunft nahm. Als es Winter wurde, kamen sich die beiden menschlich näher und die Meisterin hoffte, nun endlich ihren Meister gefunden zu haben. Doch mit dem herannahenden Frühjahr trieb es den jungen Gesellen wieder in die Welt hinaus und er eröffnete der Meisterin, dass er keineswegs gewillt sei, mit ihr eine feste Beziehung einzugehen. Die Meisterin fühlte sich ausgenutzt, setz-

te den „Strolch" vor die Tür und warf ihm seine restlichen Habseligkeiten hinterher. Der Geselle klaubte seine Sachen zusammen, verließ den Ort und stellte dann erst fest, dass er einen Strumpf in Lauterbach vergessen hatte. Eines Tages erzählte er einem fahrenden Musikanten von seinem Erlebnis und dieser machte ein Liedchen daraus, das schließlich zu einem Volkslied wurde und das osthessische Lauterbach in ganz Deutschland bekannt machte. Kein Wunder also, dass der „Strolch" 1905 zur Werbeikone der Molkerei-Genossenschaft Fulda-Lautertal erkoren wurde und sein Bild bis heute die Verpackungen der „Kleinen Strolch"-Produkte schmückt.

MUNDART

B ist die richtige Lösung: Die Braut hatte große Perlen, mit denen sie nach Schwälmer Art geschmückt war.

„Letzte Woche war ich auf einer Hochzeit. Ich sage euch: Ich habe noch nie eine Braut mit so großen Perlen gesehen."

hessenquiz 2

STADT LAND FLUSS

Die Schwalm ist der Hauptzufluss der Eder, in die sie gut 20 km südlich von Kassel bei Altenburg, einem Stadtteil von Felsberg, mündet. Mit ihren 97 Kilometern Länge ist die Schwalm der längste ausschließlich in Hessen verlaufende Fluss – doch woher kommt sie eigentlich?

Wo entspringt die Schwalm? Im ...

A Vogelsbergkreis
B Rheingau-Taunus-Kreis
C Wetteraukreis
D Main-Kinzig-Kreis

MACHT UND MACHER

Mineralwasser hat sich in den letzten Jahren zum beliebtesten Durstlöscher der Hessen gemausert – Grund genug, einen Blick auf die hessischen Mineralbrunnen zu werfen. Von den rund 600 Mineralwasserquellen in Deutschland, die natürliche Mineralwässer fördern, liegen nämlich 114 in Hessen. Darunter gibt es kleine und größere Quellen – und kleinere und große Mineralwasser-Abfüller ...

Welches hessische Mineralwasser-Unternehmen ist das größte?

A Hassia
B Rhönsprudel
C Selters
D Förstina

KLATSCH UND LEUTE

Der Mittelpunkt Deutschlands befindet sich in Hessen – und das nicht nur im übertragenen Sinne. Rund 70 km vom geografischen Zentrum der Bundesrepublik entfernt liegt Kassel. Die nordhessische Metropole ist nach Frankfurt und Wiesbaden die drittgrößte Stadt Hessens und in der internationalen Kunstszene wohlbekannt. Das kommt nicht von ungefähr, findet hier doch alle fünf Jahre die Documenta statt, die weltweit bedeutendste Ausstellung zeitgenössischer Kunst. Aber auch der monumentale Herkules im Bergpark Wilhelmshöhe, das Fridericianum und das Staatstheater sind aus dem Kulturleben der Stadt Kassel nicht wegzudenken. Im Herbst 2015 feierte ein weiteres Kasseler Erfolgsprojekt seinen 20. Geburtstag. Es war das Erste seiner Art in Deutschland und wurde seitdem vielfach kopiert.

Welches Kasseler Erfolgsprojekt feierte im Herbst 2015 seinen 20. Geburtstag?

A die Treppenstraße
B der Kulturbahnhof
C das Ich-Denkmal
D das Sepulkralmuseum

VERGISSMEINNICHT

Wenn zwei Dinge fast gleich sind und sie sich nur in einem Merkmal unterscheiden, verwendet man gerne die Redewendung: „dasselbe in Grün". Dieses in ganz Deutschland bekannte geflügelte Wort soll tatsächlich einen hessischen Bezug haben, fand ausgerechnet ein Nordrhein-Westfale heraus, nämlich der hessenquiz-Fan Claus Helm aus Bonn. Und prompt landet sein Vorschlag als Frage in diesem Buch.

Welchen hessischen Bezug hat die Redewendung „dasselbe in Grün"? Sie kommt von ...

A der Grünen Sauce.
B den Brüdern Grimm.
C einem Gärtnermeister.
D einem Auto.

MUNDART

In Hessen wird gerne gebabbelt, geredd oder auch geschwätzt – und das meist laut und fröhlich. Ein besonders schönes Beispiel für die Kreativität der hessischen Mundart ist das folgende Wort:

Wer oder was verbirgt sich hinter dem hessischen Begriff „Hottwolleh"?

A heißer Holundersaft
B Baumwolle
C die bessere Gesellschaft
D Hackfleischbällchen

STADT LAND FLUSS

Die Antwort A ist richtig, die Schwalm entspringt im Vogelsbergkreis – genauer gesagt: etwa 4 Kilometer südsüdwestlich von Storndorf, einem Ortsteil von Schwalmtal. Sie durchfließt munter das oberhessische Hügelland und erreicht dann die nach ihr benannte Landschaft rund um Schwalmstadt, bevor sie weiter nördlich in der sogenannten westhessischen Senke in die Eder mündet.

MACHT UND MACHER

Die Lösung ist A, Hassia. Die Hassia-Gruppe mit Firmensitz in Bad Vilbel bei Frankfurt konnte im Jahr 2015 einen Gesamtabsatz von 791 Millionen Litern verbuchen – einschließlich alkoholfreier Erfrischungsgetränke und Fruchtsäfte. Damit ist Hassia in Hessen die Nummer 1 und steht im nationalen Ranking der deutschen Mineralwasseranbieter auf Platz 2. Das Unternehmen, das 2014 seinen 150. Geburtstag feierte, entstand aus einem kleinen Familienbetrieb: Johann Philipp Wilhelm Hinkel erkannte schon früh die einzigartige mineralische Zusammensetzung der zahlreichen Quellen, die aus den Tiefen von Taunus und Vogelsberg unter

der Stadt zusammenfließen. Heute beschäftigt Hassia rund 1150 Mitarbeiter und vertreibt eine Vielzahl an Mineralwässern, darunter auch die Marken Rosbacher, Hassia, Elisabethen und Bad Urquelle.

KLATSCH UND LEUTE

Richtig ist B, es ist natürlich der Kulturbahnhof. Nachdem 1991 der ICE-Bahnhof in Kassel-Wilhelmshöhe eröffnet worden war, fuhren zum alten Hauptbahnhof in der Kasseler Innenstadt nur noch Regionalzüge. Der Bahnhof drohte zu verkommen. Doch Kasseler Kulturbetriebe, das städtische Kulturamt und die Deutsche Bahn riefen die Initiative „KulturBahnhof" ins Leben und belegten die von der Bahn nicht mehr

benutzten Räumlichkeiten mit neuen, überwiegend kulturellen Nutzungen. Heute befinden sich hier zwei moderne Programmkinos sowie die CARICATURA-Galerie für Komische Kunst, die Ausstellungen und Veranstaltungen zu Karikatur, Cartoon, Kritik und Komik veranstaltet. Dem Kasseler Ehrenbürger und Musiker Louis Spohr ist ebenfalls ein Museum gewidmet. Hinzu kommen noch ein Restaurant mit Biergarten und ein Veranstaltungs- und Tagungszentrum, außerdem haben viele Kreative, Künstler und junge Firmen hier ihr Domizil gefunden. Dennoch hat der ehemalige Hauptbahnhof seine ursprüngliche Bedeutung nicht verloren: Er wird auch heute noch für den Regionalverkehr genutzt.

Ausflugtipp

Der Kulturbahnhof Kassel befindet sich am Rainer-Dierichs-Platz 1, 34117 Kassel

Er bietet eine Reihe von Attraktionen:

CARICATURA-Galerie für komische Kunst
Tel.: 0561 776499
info@caricatura.de

Programmkino BALi
Tel.: 0561 7664240
www.balikinos.de

Spohr Museum
Kulturbahnhof Südflügel
Franz-Ulrich-Straße 6
34117 Kassel
Tel.: 0561 7662528
info@spohr-museum.de

VERGISSMEINNICHT

Lösung D stimmt, von einem Auto – und zwar von dem ab 1924 produzierten sogenannten Laubfrosch. Seinen Namen erhielt er, weil er im Gegensatz zu den bisherigen Automobilen grün war – wie ein Laubfrosch eben. Ansonsten aber war er bis auf den Kühlergrill der perfekte Nachbau des französischen, gelb lackierten Citroën 5CV – dasselbe in Grün eben.

MUNDART

Die richtige Antwort ist C, die bessere Gesellschaft – und natürlich kommt auch hier wieder das Französische in der hessischen Mundart durch: „haute volée" bedeutet nämlich „von hohem Rang".

WO BIN ICH?

Jetzt gilt es wieder, so schnell wie möglich die Beschreibungen hessischer Erstklässler zu entschlüsseln. Und es ist manchmal gar nicht so einfach zu erraten, wovon die Kinder gesprochen haben. Eine kleine Hilfe vorab: Dieses Mal geht es um eine Landschaft ...

- im Frühling ist es grün und im Winter liegt da ganz viel Schnee
- dann kann man da ganz toll Schlitten fahren
- da sind nämlich so Hügel
- wenn das Wetter schön ist, fahren wir mit dem Fahrrad oder mit Inlinern auf einem ganz besonderen Weg, der geteert ist
- da war früher nämlich mal eine Eisenbahn
- aber die ist jetzt weg und der Weg heißt Vulkanweg
- überall sind Vulkane, aber die kann man überhaupt nicht sehen
- das kommt daher, dass die wahrscheinlich schon abgekühlt sind
- aber früher, da sind die immer wieder ausgebrochen
- und immer wenn einer ausgebrochen ist, hat der sich ein Stück vermehrt
- ich glaube, der Hoherodskopf ist auch ein Vulkan
- da gibt es eine Rutsche, die führt einmal ganz runter und dann geht's über so einen kleinen Bach
- ich war schon mal auf dem höchsten Berg dort, der heißt Taufstein
- hier entspringen auch ganz viele Flüsse
- einer davon ist die Nidda
- so wie die Landschaft heißt auch ein Landkreis
- und die größte Stadt ist Alsfeld

Welche Landschaft haben die Kinder beschrieben?

A Rhön **B Odenwald**

C Hochtaunus **D Vogelsberg**

MACHT UND MACHER

Grebenstein ist eine Kleinstadt im Landkreis Kassel mit rund 6000 Einwohnern, einer sehenswerten Altstadt – und zudem die Heimat von „Stromos" und „Plantos". Das klingt nun weniger nach typisch hessischen Vornamen als nach griechischen Göttern oder Philosophen, aber das ist auch so gewollt. Schließlich handelt es sich um technisch innovative Produkte, die seit 2009 im nordhessischen Grebenstein produziert werden.

Stromos und Plantos gehören zu den ersten in Deutschland hergestellten, alltagstauglichen ...?

A Elektroautos | **B 3-D-Drucker**

C Tablet-Computer | **D High-Tech-Fußbälle**

KLATSCH UND LEUTE

Einkaufen in der City ist ja an sich schon eine anstrengende und manchmal nervenaufreibende Angelegenheit – kein Wunder, dass immer wieder neue Angebote dem Kunden das Shoppen einfacher machen sollen. Eine solche Service-Innovation wurde im August 2013 zum ersten Mal in Deutschland im Einkaufscenter „MyZeil" in Frankfurt vorgestellt.

Welchen deutschlandweit einmaligen Service stellte das Frankfurter Einkaufscenter im August 2013 vor?

A Lade-Schließfächer **B** ein Hunde-Spielland

C persönliche Einkaufsberater **D** eine Schnäppchen-App

VERGISSMEINNICHT

Oft erinnert man sich nur mit Grauen an die Lektüren aus dem Deutschunterricht: „Des Teufels General", „Faust" oder „Effi Briest" – und wehe dem, der sie nicht rechtzeitig gelesen hatte! Da half es im Zweifelsfalle nur noch, sich ein Kommentar-Bändchen zu kaufen und die Inhaltsangabe schnell zu überfliegen, denn Online-Zusammenfassungen gab es noch nicht. Die heutigen Schüler haben es da um einiges leichter: Das Internet liefert die gewünschten Informationen und zahlreiche Verfilmungen der alten Klassiker ersparen das mühsame Lesen. Eine dieser filmischen Adaptionen stammt von dem 1939 in Wiesbaden geborenen Erfolgsregisseur Volker Schlöndorff.

Welche klassische Schullektüre verfilmte der hessische Regisseur Volker Schlöndorff?

A Hanni und Nanni **B** Buddenbrocks

C Die Blechtrommel **D** Die Schachnovelle

MUNDART

Die hessische Mundart ist sehr erfindungsreich, wenn es um Spitznamen geht. Der folgende Begriff kommt aus der Gegend um Kassel und bezeichnet sehr treffend die Zugehörigen einer ganz bestimmten Berufsgruppe:

Welche Berufsgruppe hat im Raum Kassel den Spitznamen „Bechkawwelier"?

A Schuster **B** Bäcker

C Friseure **D** Automechaniker

WO BIN ICH?

Des Rätsels Lösung ist hier D, der Vogelsberg. Die Kinder der Eichbergschule in Lauterbach hatten natürlich Heimvorteil und beschrieben mit großer Begeisterung die Landschaft ihrer Umgebung. Besonders faszinierend fanden sie den vulkanischen Ursprung des Vogelsbergs – auch wenn die Vulkane bereits seit etwa 7 Millionen Jahren abgekühlt sind. Zum Glück, kann man da nur sagen, denn sonst wäre Wintersport auf dem Hoherodskopf kaum möglich. In den Sommermonaten erfreut sich die Sommerrodelbahn großer Beliebtheit, aber auch Fahrradfahren kann man im Vogelsberg sehr gut. Hierfür bietet sich der 94 km lange Vulkanradweg an, der zum größten Teil der Trasse der ehemaligen Oberwaldbahn folgt. Die Radroute verbindet die Wetterau über den Vogelsberg mit der Region Lauterbach / Schlitz. Mit 773 m ist der Taufstein der höchste Gipfel im Vogelsberg und bietet von seinem Aussichtsturm einen herrlichen Blick. Hier entspringt auch die Nidda, während die Schwalm ihre Quelle am Nordrand des Vogelsberges hat.

Informationen zur Region Vogelsberg

Region Vogelsberg Touristik GmbH
Vogelsbergstraße 137a
63679 Schotten
06044 964848
info@vogelsberg-touristik.de

MACHT UND MACHER

Die richtige Antwort ist A: Elektroautos. Hergestellt werden sie von der German E-Cars GmbH. Die Nordhessen beweisen, dass man sich mit nur etwa 30 Mitarbeitern auf dem Automobilmarkt gut positionieren kann – wenn man die richtige Idee zur richtigen Zeit hat. 2010 kam der PKW „Stromos" auf den Markt, damals eines der ersten ausgereiften Elektroautos. Er basiert auf einem Suzuki bzw. Opel, dem ein Elektro-Antriebsstrang eingebaut wird. Der „Plantos" dagegen ist ein umgebauter Mercedes Sprinter und wurde 2011 als einer der ersten Elektro-Serien-Transporter auf dem Markt vorgestellt.

KLATSCH UND LEUTE

Antwort A ist korrekt: Lade-Schließfächer – und zwar zum Akku-Aufladen. Am 1. August 2013 hatten die sogenannten Charge-Boxes in Frankfurt ihre Deutschlandpremiere. In ihnen können Kunden ihre Smartphones und andere Kleinelektronik bis zu 30 Minuten lang sicher und zudem kostenfrei laden – und währenddessen in alle Ruhe einkaufen gehen.

Danach hat man immerhin wieder genügend „Saft", um in dringenden Fällen erreichbar zu sein. Und das entspannt dann beim Shoppen doch ungemein ...

VERGISSMEINNICHT

Die Lösung dieser Frage ist C: Die Blechtrommel. Mit der Romanverfilmung aus dem Jahre 1979 überzeugte Volker Schlöndorff aber nicht nur das deutsche Publikum, sondern heimste auch prompt einen Oscar für den besten fremdsprachigen Film ein. Die Hauptrolle spielte der damals zwölfjährige David Bennent, der damit international berühmt wurde. Im Mai fand die Uraufführung der „Blechtrommel" zeitgleich in drei deutschen Städten statt – eine davon war Schlöndorffs Geburtsstadt Wiesbaden. Schlöndorff selbst arbeitete nach seinem Oscar-Erfolg in den USA, kehrte aber nach dem Fall der Mauer nach Deutschland zurück und setzte sich für den Erhalt der Filmstudios in Babelsberg ein. Neben seiner Arbeit als Regisseur ist der gebürtige Hesse auch politisch aktiv, so unterstützte er in den Wahlkämpfen 2005 und 2009 die aktuelle Bundeskanzlerin Angela Merkel.

MUNDART

Richtig ist A, ein Schuster. Die Erklärung ist ganz einfach: „Bechkawwelier" bedeutet hochdeutsch ausgesprochen „Pechkavalier", also jemand, der mit Pech zu tun hat. Und genau das machten früher die Schuster, denn als man Schuhe noch von Hand nähte, wurden die Fäden mit Pech abgerieben. Mit diesem „Schusterdraht" wurden dann die Lederteile zusammengenäht, wobei das Pech den Faden haltbarer machte und die Löcher stabilisierte.

STADT LAND FLUSS

Jede Gegend, die etwas auf sich hält, hat ihre eigene Schweiz. Allein in Deutschland findet man diese Bezeichnung ganze 105-mal. Die Namensgebung geht oft zurück in die Zeit der Romantik, wo man gern eine schön anzusehende bergige Landschaft mit „Schweiz" überhöhte; heute wählen Tourismusregionen den Zusatz häufig aus Marketinggründen und versprechen so eine landschaftlich ansprechende Umgebung. Bekannt in Deutschland sind die Fränkische Schweiz, die Sächsische Schweiz und die Mecklenburgische Schweiz – und ob man es glaubt oder nicht: Auch im schönen Hessenland gibt es eine Schweiz.

Wo liegt die „Hessische Schweiz"?

A im Rheingau

B im Westerwald

C im Frankfurter Stadtwald

D an der Grenze zu Thüringen

MACHT UND MACHER

Die klassizistische Villa Mumm ist ein palastartiges Gebäude in Frankfurt und wurde 1902 von Hermann Mumm von Schwarzenstein erbaut. Wie der Name des Bauherren verrät, gehörte er der Champagner-Dynastie gleichen Namens an, die schon seit dem 17. Jahrhundert in Frankfurt ansässig war. Nach zwei Jahren Bauzeit zog das Ehepaar Mumm mit sieben Kindern und über 20 Dienstboten in das herrschaftlich ausgestattete Gebäude ein. Nach dem Ersten Weltkrieg wurden die Mumms allerdings von den Franzosen enteignet, sie verloren ihre Besitzungen in der Champagne und konnten so ihren luxuriösen Lebensstil nicht länger aufrechterhalten. 1937 wurde die Villa Mumm an die Stadt Frankfurt verkauft. Heute befindet sich in dem repräsentativen Anwesen ein recht unbekanntes, aber umso wichtigeres Institut, dessen Arbeit weltweiten Einfluss hat. Ende Juni 2015 war es in der Villa Mumm wieder einmal so weit: eine kleine Entscheidung in unserem Bundesland – ein großer Schritt für die Menschheit.

Was wird aus dem Institut in der Villa Mumm in Frankfurt seit 1972 weltweit angeordnet?

A die Mostmengen von Sekt **B Promillegrenzen im Verkehr**

C Schaltsekunden in der Zeit **D Selbstbewusstseinsregeln**

KLATSCH UND LEUTE

Die Nordhessen wählten ihn zum Sportler des Jahres 2014: Shkodran Mustafi. Das war auch kein Wunder, schließlich konnte der in Osthessen geborene und aufgewachsene Sportler sogar einen Weltmeistertitel für sich verbuchen. Seitdem geht seine Karriere stetig nach oben und er hat sich auch international einen Namen gemacht.

In welcher Sportart wurde Shkodran Mustafi Weltmeister?

A Tennis **B Bowling**

C Fußball **D Ringen**

VERGISSMEINNICHT

1983 wurde von einem privaten Sammler in dem UNESCO-Weltnaturerbe Grube Messel das Skelett eines kleinen Urzeittierchens entdeckt, das etwa die Größe einer Katze hatte und einen auffallend langen Schwanz aufwies. Nach vielen Untersuchungen stellte es sich als wahre Sensation heraus: Das rund 47 Millionen Jahre alte Fossil ist das fast vollständig erhaltene Skelett einer ausgestorbenen Halbaffenart –

und könnte somit möglicherweise ein früher Vorfahre der Menschenaffen und Menschen sein. Auch wenn die Wissenschaftler inzwischen von dieser Theorie abgerückt sind, ist das Skelett aus der Grube Messel das besterhaltene Primaten-Fossil, das jemals gefunden wurde. Kein Wunder, dass man ihm sogar einen Namen gab: Ida.

Wonach wurde das Messeler Primatenfossil Ida benannt? Nach der ...

A Intern. Digging Agency
B Finderin: Iris D. Amrhein
C Tochter des Besitzers
D Redensart: Im diefe Ärdreich

MUNDART

Zella ist ein Ortsteil der Gemeinde Willingshausen und liegt im Schwalm-Eder-Kreis. Rund 500 Hessen bewohnen diesen Ort – und einer von ihnen ist Kurt Bechtel. Er hatte schon als kleiner Junge einen ganz bestimmten Berufswunsch.

„Wie ich noch en kleener Jong woar, hun ich mir schon immer sehnlichst gewünscht, mol en rischdische Pänner zu wern."

Was wollte Kurt als kleiner Junge werden?

A Obdachloser
B Beamter
C Lehrer
D Pfarrer

STADT LAND FLUSS

Antwort D stimmt, an der Grenze zu Thüringen im Werra-Meißner-Kreis. Der höchste Gipfel der Hessischen Schweiz ist der Hohenstein. Er ist zwar gerade mal 570 Meter hoch, dennoch wirkt der gesamte Höhenzug mit seinem felsigen Bergsturz ausgesprochen alpin. Die zahlreichen Aussichtspunkte auf hessischem Gebiet erlauben eine grandiose Sicht auf das Werratal, den Kaufunger Wald und den Hohen Meißner. Von Hitzelrode, einem staatlich anerkannten Luftkurort im Werra-Meißner-Kreis, startet der Premium-Wanderweg P4, der durch die Hessische Schweiz führt. Wanderer und Hobby-Botaniker sollten sich die Gegend um Hitzelrode auf jeden Fall einmal anschauen.

Informationen zum Premium-Wanderweg P4:

Tourist-Information Eschwege-Meinhard-Wanfried
Hospitalplatz 16
37269 Eschwege
Tel.: 05651 331986
www.werratal-tourismus.de

MACHT UND MACHER

Richtig ist C: Schaltsekunden in der Zeit. In der Villa Mumm befindet sich nämlich das Zentralbüro für die Erdrotationsüberwachung, das IERS. Aber warum muss die Erdrotation überhaupt kontrolliert werden? Der Grund: Da die Erde, vor allem bedingt durch die Gezeiten, sich nicht gleichmäßig dreht, bummelt sie der eigentlichen Atomzeit hinterher – inzwischen um 35 Sekunden! Damit die Sonne nicht irgendwann mittags aufgeht, wird in bestimmten Jahren bei Bedarf an einem Tag eine sogenannte „Schaltsekunde" eingeschoben. Zwar bestimmt die Sternwarte in Paris den genauen Zeitpunkt, aber wann eine solche Schaltsekunde nötig ist – dieser Impuls kommt aus der Villa Mumm in Frankfurt. Die Messung erfolgt – vereinfacht ausgedrückt – mit zwei Teleskopen: Richtet man sie auf einen identischen Punkt im Weltall, dann kann man anhand der empfangenen Radiosignale erkennen, wie schnell sich die Erde weggedreht hat.

KLATSCH UND LEUTE

Antwort C ist richtig, Fußball. Eingefleischte Fußballfans kennen den Innenverteidiger Mustafi, der 1992 in Bad Hersfeld zur Welt kam und in Bebra aufwuchs. Er begann seine Karriere beim ortsansässigen 1. FV Bebra, wechselte dann nach Rotenburg und besuchte schließlich das Nachwuchsleistungszentrum des Hamburger SV. Mit 17 Jahren ging er nach England, dann folgte eine Verpflichtung in Genua. In der italienischen Liga war er so erfolgreich, dass Bundestrainer Joachim Löw ihn 2014 in den Kader der DFB-Nationalmannschaft berief. Mustafi kam bei der WM 2014 in Brasilien dreimal zum Einsatz und wurde Weltmeister. Im Sommer 2016 unterschrieb der erfolgreiche Hesse einen Vertrag beim FC Arsenal. Bereits 2014 hatte Mustafi schon einmal eine wichtige Unterschrift geleistet, als er sich in das Goldene Buch der Stadt Bebra eintrug. Schließlich wohnte die Familie Mustafi damals schon seit 37 Jahren in der hessischen Kleinstadt ...

VERGISSMEINNICHT

Die korrekte Antwort ist C, das kleine Fossil wurde nach der Tochter des Besitzers benannt. Nachdem ein privater Fossilienjäger das Skelett in der Grube Messel entdeckt hatte, befand es sich mehrere Jahre in seinem Besitz, ehe er 2009 auf einer Ausstellung einem norwegischen Wissenschaftler ein Bild davon zeigte. Jorn Hurum, Paläontologe und damit Fachmann auf dem Fossilien-Gebiet, erkannte sofort die Besonderheit des Fundes und kaufte das Fossil für das Naturkundemuseum in Oslo, wo es mithilfe modernster Technik untersucht wurde. Der offizielle Name des versteinerten Jungtiers lautet übrigens „Dawinius masillae", doch Hurum gab dem nur 24 Zentimeter großen Urzeitäffchen den Namen seiner kleinen Tochter: Ida.

Wer mehr über das UNESCO Weltnaturerbe Grube Messel und seine Fossilien erfahren möchte, dem sei ein Besuch der Grube und des Besucherzentrums empfohlen.

Ausflugtipp

Welterbe Grube Messel
Roßdörfer Straße 108
64409 Messel
Tel.: 06159 717590
www.grube-messel.de

Öffnungszeiten: ganzjährig täglich von 10:00 – 17:00 Uhr

MUNDART

Wer jetzt die Antwort D gewählt hat, liegt goldrichtig. Kurt wollte nämlich schon als kleiner Junge gerne Pfarrer werden. Der Gedanke, dass ein „Pänner" auch ein Obdachloser oder Lehrer an einer „Penne" sein könnte, liegt nahe – aber kaum einer würde doch ernsthaft annehmen, dass der Ausdruck etwas mit einem schlafenden Beamten zu tun hat, oder?

„Wie ich noch ein kleiner Junge war, habe ich mir immer sehnlichst gewünscht, mal ein richtiger Pfarrer zu werden."

hessenquiz 3

STADT LAND FLUSS

Auch das dritte Kapitel startet wie gewohnt mit Geografie. Dieses Mal dreht sich die Frage um ein hessisches Mittelgebirge, das im Schwalm-Eder-Kreis und im Landkreis Waldeck-Frankenberg liegt: der Kellerwald. Hier befindet sich mit dem Nationalpark Kellerwald-Edersee auch der einzige Nationalpark Hessens – und die höchste Stelle des Kellerwaldes.

Wie heißt die höchste Erhebung des Kellerwaldes?

A Wasserkuppe **B Höllberg**

C Kasseler Kuppe **D Wüstegarten**

MACHT UND MACHER

Vielleicht hätte man die Firma, um die es in der nächsten Frage geht, am wenigsten mitten im Odenwald erwartet. Denn hier, in der kleinen Stadt Breuberg, werden Reifen produziert – und das schon seit 1905! Und zwar nicht irgendwelche Reifen, sondern echte Hochleistungspneus, mit denen nicht nur Fahrzeuge von Audi, BMW oder Mercedes ausgestattet werden, sondern auch die Boliden im Motorrennsport.

Welcher bekannte Reifenhersteller hat in Breuberg im Odenwald ein Produktionswerk?

A Continental **B Fulda**

C Pirelli **D Bridgestone**

KLATSCH UND LEUTE

Der gebürtige Darmstädter Karlheinz Böhm verstarb im Mai 2014 in der Nähe von Salzburg. Bekannt wurde er einem Millionenpublikum vor allem durch die „Sissi"-Trilogie, in der er den Kaiser Franz Joseph verkörperte. 1981 wettete er in der ZDF-Sendung „Wetten, dass ...?", dass noch nicht einmal jeder dritte Zuschauer bereit sei, eine Mark für die hungernden Menschen in der Sahelzone zu spenden. Zwar gewann Böhm leider seine Wette, doch er bekam dank dieser medienwirksamen Aktion 1,2 Millionen DM zusammen und flog nach Äthiopien. Noch im selben Jahr gründet er eine Hilfsorganisation, die sich noch heute für die Ärmsten in Afrika einsetzt.

Wie heißt die Stiftung, die Karlheinz Böhm 1981 gründete?

A Europa für die Dritte Welt **B Menschen für Menschen**

C Europa für Afrika **D Menschen für Äthiopien**

VERGISSMEINNICHT

Die Wasserspiele im UNESCO-Welterbe Kasseler Bergpark Wilhelmshöhe wurden 1701 in Auftrag gegeben und stellen eine architektonische und ingenieurtechnische Meisterleistung ihrer Zeit dar. Sie gelten zudem auch als Meilenstein der Kunst- und Gartengeschichte. Durch unterirdische Stollen wird das Wasser zum Herkules geleitet, wo es über Kaskaden und einen Wasserfall fällt, die Teufelsbrücke passiert und schließlich im Schlossteich endet. Hier lässt der natürliche Druck des Wassers die „Große Fontäne" entstehen, die über 50 m in die Höhe schießt. 750 m³ Wasser durchlaufen die Stationen – und die besondere Faszination der Wasserspiele ist nicht zuletzt darauf zurückzuführen, dass alles noch immer mit der gleichen Technik wie vor über 300 Jahren funktioniert.

Unter wem wurden die Wasserspiele 1701 in Auftrag gegeben? Unter ...

A Wilhelm II.
B Ludwig XVI.
C Landgraf Karl
D Napoleon

MUNDART

Der Main-Taunus-Kreis ist zwar der kleinste Landkreis Deutschlands, aber er verfügt über eine großartige Mundart. Und die ist nicht immer leicht zu verstehen ...

Was macht ein Hesse aus dem Main-Taunus-Kreis, wenn er „gawert"? Er ...

A schreit.
B werkelt herum.
C hält Ausschau.
D sabbert.

STADT LAND FLUSS

Richtig ist D, der Wüstegarten. Er ist mit 675 Metern über Normalhöhennull der höchste Berg des Kellerwaldes und liegt inmitten des Nationalparks. Auf seiner Kuppe befindet sich ein Turm, der grandiose Blicke weit über die Region hinaus bietet. Der Nationalpark ist ein Paradies für Wanderer, die hier auf der über 150 km langen Hauptroute des Kellerwaldsteigs das einzigartige Landschaftsschutzgebiet durchwandern können.

Ausflugtipp

Informationen zum Nationalpark Kellerwald-Edersee und den Wandermöglichkeiten:

Nationalpark Kellerwald-Edersee
Laustraße 8
34537 Bad Wildungen
Tel.: 05621 / 75249 0
www. nationalpark-kellerwald-edersee.de

MACHT UND MACHER

Hier stimmt die Antwort C. Die Pirelli Deutschland GmbH in Breuberg ist die deutsche Tochtergesellschaft des fünftgrößten Reifenherstellers weltweit – nach eigenen Angaben Marktführer im Premiumsegment der Reifenbranche. Neben der Zentrale in Mailand spielt der Standort Breuberg eine tragende Rolle, befinden sich doch hier die Unternehmensbereiche Forschung & Entwicklung, Produktion und Logistik. Rund 2300 Mitarbeiter sind im hessischen Breuberg beschäftigt; damit ist Pirelli der größte Arbeitgeber im Odenwald. Bereits seit 1907 ist Pirelli im Motorsport aktiv, wurde 2011 sogar exklusiver Reifenlieferant der Formel 1. Für die größte Popularität sorgt aber vermutlich ein Objekt des Konzerns, das mit der Reifenherstellung so gar nichts zu tun hat: der seit 1964 produzierte und längst legendäre Pirelli-Kalender.

KLATSCH UND LEUTE

Richtig ist B, Menschen für Menschen. Karlheinz Böhm arbeitete von 1981 bis 2011 ehrenamtlich für seine Organisation „Menschen für Menschen", danach übernahm seine Frau Almaz den Vorsitz. Mehrere Monate im Jahr lebte der Schauspieler unter einfachsten Bedingungen in Äthiopien, um die Not vor Ort kennenzulernen und lindern zu können. Mithilfe von Spenden konnten über 300 Schulen, Dutzende Krankenstationen und weit über 1000 Wasserstellen gebaut werden. Diese Hilfsprojekte sind nach dem Prinzip „Hilfe durch Selbsthilfe" langfristig angelegt und sollen so die Menschen in den sehr armen ländlichen Regionen Äthiopiens befähigen, sich selbst aus ihrer Armut zu befreien.

VERGISSMEINNICHT

Die richtige Lösung ist C: Landgraf Karl. Als typisch barocker Fürst wollte er ein Symbol seiner Macht setzen und mit dem Park und den Wasserspielen etwas schaffen, das die Welt bis dahin noch nicht gesehen hatte. Das ist ihm gelungen – auch wenn sein größtes Denkmal in Kassel nicht seinen Namen, sondern den seines Urenkels trägt. Der

Grund hierfür: Karl konnte zu seinen Lebzeiten nur das obere Drittel des Bergparks mit Oktogon und Herkules realisieren, vollendet wurde die Gesamtanlage erst unter dem späteren Kurfürsten Wilhelm I. von Hessen-Kassel.

Ausflugtipp

Die Wasserspiele sind vom 1. Mai bis zum 3. Oktober an jedem Mittwoch, Sonntag sowie an allen hessischen Feiertagen ab 14.30 Uhr zu sehen, Ende ist um ca. 16.00 Uhr.
Von Juni bis September finden an jedem ersten Samstag im Monat die beleuchteten Wasserspiele statt.

MUNDART

Antwort D ist korrekt: er sabbert. Und wenn es ein sehr junger Hesse ist, dann bindet man ihm vorsichtshalber ein „Gawerlätzje" um.

WAS IST WAS?

In dieser Runde heißt es jetzt nicht „WO BIN ICH?", sondern „WAS IST WAS?", und gesucht werden hessische Sehenswürdigkeiten, typische Gerichte oder prominente Hessen. Für die folgende Frage hat das hessenquiz-Team die Bad Arolser Grundschule Neue Garten besucht und sich von den Kindern dort eine hessische Sehenswürdigkeit beschreiben lassen.

- da glaubt man, dass Frau Holle da wohnt
- dann noch Schneewittchen, die Sieben Zwerge, Rapunzel
- die gibt es schon seit über 40 Jahren und die ist so besonders, weil da die Brüder Grimm langeritten sind
- die haben da Geschichten gefunden und dann die einfach aufgeschrieben
- ich war schon mal in der einen Burg, wo Dornröschen drin geschlafen hat
- da kann man mit dem Roller langfahren oder mit dem Motorrad oder mit dem Fahrrad
- das ist so was wie eine Prinzessinnenstraße
- die geht ganz, ganz lang, von einer Stadt bis zur anderen
- in Hanau fängt die an
- die Brüder Grimm, die waren ja auch mal klein und da haben die wo gewohnt – und das kann man sehen
- die ist über 600 km lang
- da gibt es auch etwas, das heißt Rotkäppchenland
- man kommt auch an Marburg vorbei
- weiter oben ist noch eine Stadt, da haben so vier Tiere aufeinandergesessen
- die geht bis Bremen und ans Meer

Was haben die Kinder beschrieben?

A Grimmwelt — **B Rapunzelroute**

C Deutsche Märchenstraße — **D Erlebnispark Steinau**

MACHT UND MACHER

Die Produkte der Kaufunger Firma Schneegans werden auf der ganzen Welt benutzt. In Mitteleuropa sind die Nordhessen sogar Marktführer in ihrem Segment. Aber was stellt das Unternehmen eigentlich her?

Was stellt die Kaufunger Firma Schneegans her, das viele Handwerker in aller Welt nutzen?

A Federbetten | **B Zollstöcke**

C Schneeketten | **D Maurerkellen**

KLATSCH UND LEUTE

Als Joachim Gauck im März 2012 das Amt des Bundespräsidenten übernahm, stand an seiner Seite die erste „First Freundin" in der deutschen Amtsgeschichte. Daniela Schadt ist seit 2000 die Lebensgefährtin des 11. Bundespräsidenten, sie ist Journalistin, gilt als meinungsstark und humorvoll und sie ist – bei dieser Beschreibung fast schon selbstverständlich – aus Hessen.

In welcher hessischen Stadt wurde die „First Freundin" Daniela Schadt geboren?

A Gießen | **B Hanau**

C Darmstadt | **D Limburg**

VERGISSMEINNICHT

Im Juli 2014 konnte in Hessen die älteste Segelflugschule der Welt, die Fliegerschule Wasserkuppe, ihr 90-jähriges Bestehen feiern. Etwa 15.000 Flugzeugführer und Flugzeugführerinnen aus der ganzen Welt haben in den vergangenen neun Jahrzehnten hier auf Hessens höchstem Berg das Fliegen erlernt. So viel Vergangenheit macht neugierig –

und beim Stöbern in den Archiven stößt man auf so manchen Promi, der die Segelflugschule schon besucht hat …

Wer stattete 1970 der Fliegerschule auf der Wasserkuppe einen Besuch ab?

A Elly Beinhorn **B Ringo Starr**

C Queen Elizabeth **D Neil Armstrong**

MUNDART

Der „Ourewald" – oder Odenwald – ist nicht nur ein Mittelgebirge in Hessen, nein. Er ist auch die Heimat des „Ourewellerisch", also jener eigentümlichen Sprache, die mit eigenwilligen Wörtern den Mundart-Unkundigen in schiere Verzweiflung treiben kann. Eine kleine Kostprobe gibt es darum in dieser Mundart-Frage.

Was versteht man im Odenwald unter einem „Hundsbrunzer"?

A Türklinkenrosette **B Baumrindenstück**

C Straßenbegrenzungspfahl **D Hundekottütchenspender**

WAS IST WAS?

C ist selbstverständlich richtig, denn die Kinder der Grundschule Neuer Garten in Bad Arolsen haben ganz eindeutig die Deutsche Märchenstraße beschrieben. Die 1975 ins Leben gerufene Themenstraße verbindet die wesentlichen Lebens- und Wirkungsstätten der Brüder Grimm mit den Städten und Landschaften, in denen sich ihre Märchen wiederfinden lassen. Start ist natürlich der Geburtsort der berühmten Brüder, Hanau, dann geht es über Steinau, der Heimat ihrer Kindheit, über ihren Studienort Marburg nach Kassel, wo in jahrzehntelanger Arbeit die „Kinder- und Hausmärchen" entstanden sind. In Bad Karlshafen verlässt die Deutsche Märchenstraße Hessen und führt über Hameln und Bremen bis nach Bremerhaven. Entlang der Route kann man immer wieder auf den Spuren der Grimmschen Märchen wandeln: In Alsfeld beginnt das sogenannte Rotkäppchenland, in Bad Wildungen trifft man auf Schneewittchen und die Sieben Zwerge, am Hohen Meißner schüttelt Frau Holle ihre Betten aus und in der Sababurg hat Dornröschen ihren hundertjährigen Schlaf gehalten. Ob mit dem Roller, Motorrad oder Auto – auf der weltweit bekannten Themenstraße rund um die Brüder Grimm lässt sich viel Märchenhaftes entdecken.

Informationen zur Deutschen Märchenstraße:
Deutsche Märchenstraße e.V.
Kurfürstenstraße 9
34117 Kassel
Tel.: 0561 92047910
www.deutsche-maerchenstrasse.de

MACHT UND MACHER

Richtig ist die Antwort D: Maurerkellen. Die zwei Millionen Kellen, die die Nordhessen jedes Jahr produzieren, werden weltweit unter verschiedenen großen Markennamen vertrieben. Werkzeughändler in 40 Ländern auf fünf Kontinenten – darunter Mauritius, Guatemala und Australien – haben die rund 1500 verschiedenen Kellenvarianten in ihrem Programm. Das Unternehmen wurde 1972 von Lothar Schneegans in Kaufungen gegründet. Damals gelang es ihm als einem der Ersten, eine rostfreie Maurerkelle herzustellen. Eine tolle Sache, weil dadurch der Putz nicht mehr mit Rost verschmutzt werden konnte.

KLATSCH UND LEUTE

B ist die Lösung, Hanau. Daniela Schadt wurde in der Brüder-Grimm-Stadt geboren und hat dort auch ihr Abitur gemacht, bevor sie in Frankfurt Germanistik, Politik und französische Literatur studierte. Ihre journalistische Karriere begann mit einem Praktikum beim „Hanauer Anzeiger". Die Verbindung zu ihrer Heimatstadt hat sie nie ganz verloren – ihre Mutter lebt dort und gelegentlich hat man Daniela Schadt und Joachim Gauck sogar im Staatspark Wilhlemsbad spazieren gehen sehen.

VERGISSMEINNICHT

Richtig ist tatsächlich D, Neil Armstrong. Ein Jahr nach seiner sensationellen Mondlandung besuchte der „erste Mensch auf dem Mond" die Segelflugschule auf der Wasserkuppe – auf Einladung der Pilotenvereinigung. Doch Armstrong beließ es nicht beim Schauen – der leidenschaftliche Flieger segelte spontan nach Bad Kissingen und wieder zurück. Für den Monderoberer ein Kinderspiel ...

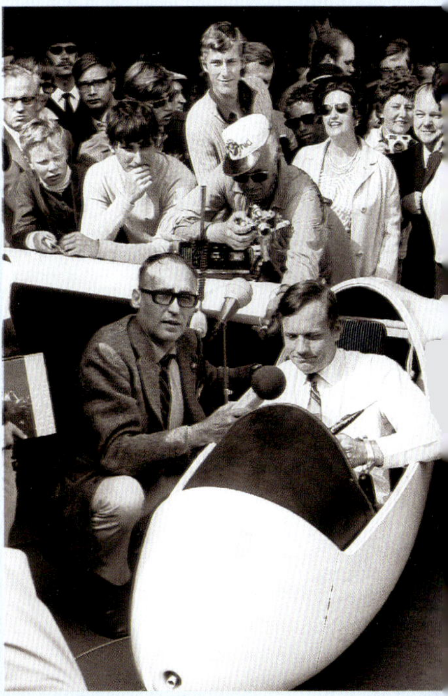

Ausflugtipp

Fliegerschule Wasserkuppe
Wasserkuppe 1a
36129 Gersfeld
Tel.: 06654 364
www.fliegerschule-wasserkuppe.de

Stiftung Deutsches Segelflugmuseum mit Modellflug
Wasserkuppe 2
36129 Gersfeld
Tel.: 06654 7737
www.segelflugmuseum.de

MUNDART

Richtig ist C, ein Straßenbegrenzungspfahl. Ohne diesen wüsste der Oureweller Hund nämlich nicht, wo er sein kleines Geschäft – das Brunze – verrichten sollte.

STADT LAND FLUSS

Im Waldeck'schen Upland liegt Korbach, die höchstgelegene Kreisstadt Hessens mit rund 24.000 Einwohnern. Im Jahr 980 wurde Korbach zum ersten Mal urkundlich erwähnt und erhielt schon im 12. Jahrhundert das Stadtrecht. Die gut erhaltene Altstadt mit viel Fachwerk und ihren beiden gotischen Hallenkirchen ist auf jeden Fall einen Besuch wert – erst recht seit dem Sommer 2013, denn seitdem darf sich Korbach mit einem besonderen Beinamen schmücken.

Korbach ist seit dem 18. Juni 2013 offiziell eine ...?

A Kurstadt

B Hansestadt

C Universitätsstadt

D Brüder-Grimm-Stadt

MACHT UND MACHER

Jetzt geht es um einen echten Macher aus Hessen. Groß-Umstadt in Südhessen ist seit 1946 Firmensitz eines mittelständischen Unternehmens, der Firma Resopal. Sie setzt sich in erster Linie mit Oberflächen auseinander – und das sehr erfolgreich, denn Resopal ist mit einem seiner Produkte sogar Marktführer in Europa. Aber mit welchem?

Wo findet man die Produkte der Groß-Umstädter Firma Resopal europaweit am häufigsten?

A im Auto
B in der Küche
C unter Schuhen
D auf dem Boden

KLATSCH UND LEUTE

Man kann mit Fug und Recht behaupten: Die Hessen sind überall. Das wird vor allem dann ersichtlich, wenn man die Biografien von Prominenten durchforstet. Immer wieder stellt man erstaunt fest: Der wurde ja auch in Hessen geboren! Johann Wolfgang von Goethe, Fritz von Opel und Marika Kilius gehören für den eingefleischten hessenquiz-Fan zum Grundwissen, aber bei der folgenden Frage muss bestimmt auch so mancher Hessen-Kenner nachdenken ...

Welcher der folgenden Promis wurde in Hessen geboren?

A Til Schweiger
B Karoline Herfurth
C Hannes Jaenicke
D Veronica Ferres

VERGISSMEINNICHT

Die nächste Frage führt uns nach Nordhessen – und zwar in den geheimnisumwobenen Reinhardswald. Hier, im größten zusammenhängenden Waldgebiet Hessens, ist die Heimat vieler Sagen, Legenden und Märchen. Schon die Geschichte seiner Entstehung ist sagenhaft:

Die Ländereien gehörten einst einem Grafen Reinhard, der diese beim Würfeln fast verloren hätte. Doch listig wie er war, bat er den neuen Besitzer, noch eine einzige Ernte einbringen zu dürfen. Als ihm dies gewährt wurde, ließ er überall Eicheln aussähen – und bis zu deren Ernte ging viel Zeit ins Land. So kam der Reinhardswald zu seinen Eichenwäldern und zu seinem Namen. In der folgenden Frage geht es nun um die Sababurg, die ab 1334 inmitten der verwunschenen Wälder errichtet wurde.

Aus welchem Grund wurde ab dem Jahr 1334 die Sababurg errichtet?

A zum Schutz für Pilger
B als Wohnort für Geister
C als Märchen-Festspielort
D als Waisenhaus

MUNDART

Ältere Herrschaften sind manchmal etwas anstrengend – davon kann auch Stefan Knüttel aus Gersfeld ein Lied singen. Jedes Mal, wenn er seine Mutter besucht, beschwert sie sich über ... Ja, über was? Das verrät jetzt Stefan Knüttel persönlich.

„Ich han neulich erscht zu meiner Mamma gesaht: Beschwer dich net über dein Eidam."

Worüber soll sich Stefans Mutter nicht beschweren? Über ihren ...

A Garten
B Hammerzeh
C Schwiegersohn
D Rollator

STADT LAND FLUSS

Die Lösung B stimmt: eine Hansestadt. Genau genommen ist Korbach eigentlich schon seit über 500 Jahren Hansestadt – im 15. Jahrhundert traten die Korbacher nämlich dem Kaufleutebund bei. Der Hintergrund: Die Stadt war im Mittelalter Schnittpunkt bedeutender Handelswege. Als im 14. Jahrhundert die Hanse gegründet wurde, geschah dies auf Veranlassung der Kaufleute, die sich so gegenseitigen Schutz gewähren und den Handel zwischen den Mitgliedern vereinfachen wollten. Seit Juni 2013 darf Korbach wieder ganz offiziell und sogar mit einer Urkunde vom Innenminister den Namenszusatz Hansestadt verwenden – genau wie Bremen, Hamburg oder Lübeck. Der Vorteil für die nordhessische Stadt liegt auf der Hand, denn man erhofft sich durch den bekannten Titel in erster Linie mehr Attraktivität für Touristen.

MACHT UND MACHER

Die richtige Antwort ist B, man findet die Produkte in der Küche. Resopal produziert nämlich Küchenarbeitsplatten, die über eine wasserbeständige und robuste Oberfläche in verschiedenen Optiken verfügen. Die Oberfläche besteht aus Melaminharz und wird in verschiedenen Dekors wie Holz-, Stein- oder Metalloptik angeboten. Der Name des Produktes, der sich inzwischen aufgrund seiner hohen Bekanntheit als Firmenname durchgesetzt hat, ist eine Zusammensetzung der Wörter „Retsina" für Harz und „Opal". Rund 600 Mitarbeiter produzieren in Groß-Umstadt die funktionellen Platten, die man europaweit nicht nur in Küchen, sondern auch in Zügen, Krankenhäusern und auf Außenfassaden findet.

KLATSCH UND LEUTE

C ist die korrekte Antwort, Hannes Jaenicke. Der Schauspieler und Umweltaktivist – bekannt aus Filmen wie „Knockin on Heaven's Door" oder „Bandits" – wurde 1960 in Hessen, und zwar in Frankfurt geboren. Ein echter Frankfurter Bub – wer hätte das von Hannes Jaenicke gedacht! Veronika Ferres erblickte das Licht der Welt übrigens in Solingen, Karoline Herfurth in Berlin und Til Schweiger wuchs zwar in Heuchelheim bei Gießen auf, geboren wurde er aber in Freiburg.

VERGISSMEINNICHT

Die richtige Lösung ist A: zum Schutz für Pilger. Schließlich befand sich ganz in der Nähe der mittelalterliche Wallfahrtsort Gottsbüren. Dort soll im Jahre 1330 der unverweste Leichnam Jesu gefunden worden sein – und dieser außerordentliche Fund ließ die Gläubigen in Heerscharen ins heutige Nordhessen strömen. Das einträgliche Pilgergeschäft zog natürlich auch Räuber und Wegelagerer an, die die Wege durch die umliegenden Wälder unsicher machten. Also veranlasste der Erzbischof von Mainz den Bau einer Burg und so konnten bei Gefahr die frommen Wallfahrer in die Schutzburg flüchten. Das Pilgern wurde somit sicherer und Gottsbüren konnte mit den Spenden der frommen Wallfahrer die bis heute erhaltene Wallfahrtskirche erbauen.

Ausflugtipp

Dornröschenschloss Sababurg im Reinhardswald
34369 Hofgeismar
Tel.: 05671 8080
dornroeschenschloss@sababurg.de

MUNDART

Lösung C, der Schwiegersohn, ist richtig, denn Stefan findet, dass seine Mutter sich nicht immer über ihren Schwiegersohn beschweren sollte.

„Ich habe neulich erst zu meiner Mama gesagt: Beschwer dich nicht über deinen Schwiegersohn."

hessenquiz
4

STADT LAND FLUSS

Die Brüder-Grimm-Stadt Hanau hat rund 90.000 Einwohner und ist damit die sechstgrößte Stadt Hessens. In ihrer wechselhaften Geschichte hat die Stadt viel erlebt: Hanau war einst Residenzstadt der Grafen von Hanau, im Zweiten Weltkrieg wurde die Altstadt fast vollständig zerstört und nur in Teilen wieder aufgebaut. Geboren wurden in Hanau der Komponist Paul Hindemith, Jacob und Wilhelm Grimm und der Fußball-Weltmeister Rudi Völler. Beliebte Ausflugziele sind die ehemalige Kuranlage Wilhelmsbad und das Schloss Philippsruhe, das am Ufer eines Flusses liegt. Und genau um diesen Fluss geht es in der folgenden Frage.

Welche zwei Flüsse fließen durch Hanau?

A Rhein und Main | **B Rhein und Werra**

C Main und Kinzig | **D Kinzig und Fulda**

MACHT UND MACHER

Wabern im Schwalm-Eder-Kreis ist eine kleine Gemeinde mit rund 7000 Einwohnern – und doch sitzt hier die Produktionsstätte eines Weltmarktführers. Bereits 1880/81 wurde das Werk in Betrieb genommen und existiert – wenn auch unter einem anderen Namen – immer noch.

Hessenweit ist es das Einzige seiner Art, in dem ein ganz bestimmtes Produkt hergestellt wird.

In Wabern im Schwalm-Eder-Kreis steht Hessens einzige Fabrik zur Produktion von ...?

A Salz **B Zucker**

C Backpulver **D Mehl**

KLATSCH UND LEUTE

Im Mai 2015 stellten mehr als 5000 Gießener auf einer Wiese an der Lahn einen außergewöhnlichen Weltrekord auf. Schon im Vorjahr hatten über 3000 Leute den Versuch dazu unternommen, waren aber gescheitert. Doch nach dem Rekordversuch ist bekanntlich vor dem Rekordversuch – und so machten sich die Gießener, notariell beäugt, auf den Lahnwiesen erneut ans Werk.

Womit haben mehr als 5000 Gießener im Mai 2015 an der Lahn einen Weltrekord erzielt?

A Drachenfliegen **B Yoga**

C Seilspringen **D Picknick**

VERGISSMEINNICHT

Der Hessische Kulturpreis ist mit seinen 45.000 Euro der höchstdotierte Kunstpreis in Deutschland. 2011 ging er an den in Wiesbaden geborenen Industriedesigner Dieter Rams. Dieser hatte – beeinflusst vom Schreinerhandwerk seines Großvaters – Architektur studiert und für den Elektrogerätehersteller Braun gearbeitet, ehe er dort in die Designabteilung wechselte, die er von 1961 bis 1995 leitete. Seine Entwürfe prägten schon in den 50er-Jahren das typisch sachliche Design der Firma Braun mit seinen klaren Formen und der einfachen Bedienbarkeit. Viele von dem gebürtigen Hessen Dieter Rams entworfene Produkte gelten heute als Designklassiker und wurden wegweisend für die Elektrogeräte des 20. Jahrhunderts.

Wie heißt die legendäre Radio-Plattenspieler-Kombination von Dieter Rams aus den 50er-Jahren?

A Schneewittchensarg
B Aschenputtelkiste
C Rotkäppchentruhe
D Rapunzelbett

MUNDART

Im Herzen Hessens liegt der schöne Vogelsberg, wo die Natur intakt und die Mundart kernig und kraftvoll ist. Und so ist es an dieser Stelle nicht verwunderlich, wenn die folgende Mundart-Frage aus dieser hessischen Region kommt.

Was meint der Vogelsberger, wenn er von einem „Hengeschte" spricht?

A Bierbauch
B Doppelkinn
C Hintern
D männliches Pferd

STADT LAND FLUSS

Hier stimmt die Antwort C: Main und Kinzig. Und das ist ja auch kein Wunder, schließlich ist Hanau die größte Stadt im Main-Kinzig-Kreis. Die Kinzig entspringt in Sterbfritz, einem Ortsteil von Sinntal, und fließt an Schlüchtern und Steinau vorbei, ehe sie sich durch das nördliche Hanau schlängelt. Nur wenige Hundert Meter von Schloss Philippsruhe entfernt fließt sie – noch in der Stadt – in den Main.

MACHT UND MACHER

Die Lösung ist B, denn hier wird aus Zuckerrüben Zucker produziert. Rund 1100 Landwirte aus Hessen, Thüringen, Bayern und Niedersachsen bauen die Zuckerrüben für das Werk in Wabern an. Die hessischen Rüben kommen vor allem aus Südhessen und dem Schwalm-Eder-Kreis. Während der Zuckerrübensaison von September bis in den Januar hinein arbeitet die Fabrik im 24-Stunden-Betrieb. Pro Tag werden in den Hochzeiten circa 6600 Tonnen Rüben angeliefert und zu standardisiertem Weißzucker verarbeitet. Insgesamt werden jährlich zwischen

80.000 und 110.000 Tonnen Zucker produziert, dabei wird in weniger als fünf Sekunden der Jahresbedarf eines einzelnen Bundesbürgers erzeugt! Allerdings findet man den Zucker aus Hessen nicht ausschließlich in der Küche wieder, denn der hier gewonnene Zucker geht an weiterverarbeitende Industriebetriebe. Außerdem entstehen bei der Zuckergewinnung wertvolle Nebenprodukte wie Futtermittel und Melasse. Das einst von nordhessischen Landwirten gegründete Zuckerwerk gehört inzwischen zum Weltmarktführer Südzucker AG.

KLATSCH UND LEUTE

Richtig ist D: Picknick. Mehr als 5000 Teilnehmer trafen sich am Mittag des 31. Mai 2015 auf einer großen Wiese zum Picknicken – mit Essen, Trinken und vielen Koltern, also Decken, die im Zickzack aneinandergereiht wurden. Die Regeln für die erfolgreiche Teilnahme am Wettbewerb waren weiterhin, dass sich auf jeder Decke ein Zwei-Gänge-Menü mit einem Getränk befinden musste sowie mindestens zwei Personen auf einer Kolter sitzen sollten. Am Nachmittag wurde dann die offizielle Messung vorgenommen: Insgesamt 36 Reihen Picknickdecken ergaben stolze 2433,6 Meter! Mit dieser „längsten ununterbrochenen Picknickdecken-Strecke" lösten die Gießener den bisherigen Weltrekordinhaber Kanada mit 2277 m locker ab.

VERGISSMEINNICHT

Antwort A ist korrekt, Schneewittchensarg. Der „Braun Phonosuper SK4" aus dem Jahr 1956 war eine Art Musiktruhe, eine Kombination von Radio und Plattenspieler in einem geschlossenen Gehäuse aus Metall und Holz, das mit einem Acrylglasdeckel abgedeckt wurde. Und genau dieser Deckel aus Kunststoff war es, der dem Gerät den Spitznamen „Schneewittchensarg" einbrachte – immerhin erinnert der längliche Korpus mit dem durchsichtigen Deckel doch sehr an den im Märchen beschriebenen Sarg, in dem die Sieben Zwerge ihr Schneewittchen aufbahrten. Acrylglas – auch Plexiglas genannt – war gerade erst auf den Markt gekommen, als Dieter Rams es als Haube für seine Radio-Phono-Kombination verarbeitete. Es hatte gegenüber der ursprünglich aus Blech vorgesehenen Abdeckung den Vorteil, dass es auch bei größerer Lautstärke nicht zu klappern anfing.

MUNDART

Die Lösung ist natürlich C, Hintern. Wobei der gemeine Vogelsberger damit keinesfalls ausdrücken möchte, dass da etwas „hängen" würde. Das Körperteil, um das es hier geht, ist vielmehr hinten – also hengescht – und somit ganz einfach ein „Hengeschte".

WAS IST WAS?

In dieser Runde heißt es jetzt wieder „WAS IST WAS?", denn gesucht wird eine Sehenswürdigkeit in Hessen. Die Hinweise kommen von hessischen Grundschulkindern – was die Sache aber nicht einfacher macht, denn Kinder haben oft einen ganz anderen Blick auf die Dinge. Deshalb beim Raten einfach mal um die Ecke denken und schnell die Lösung finden!

- das Ganze ist schon sehr, sehr groß
- wenn man auf der Autobahn fährt, dann ist der da hinten, aber man lenkt ja nach vorne und dann kann man ihn nicht sehen
- der Typ, der den gebaut hat, hatte so was mal in Italien gesehen
- ja, der wollte vielleicht so stark werden wie der
- ich war schon mal auf ihm drauf
- der hat keine Unterhose an
- aber er hat richtig viele Muskeln
- als Baby musste er auch mal einen Stall ausmisten
- ich habe seinen Fuß gesehen, der ist fast so groß wie ich
- der hat angefangen zu rosten und dann musste er repariert werden
- neben ihm ist eine Keule, damit hat er einen Löwen erschlagen, und das Fell hängt über der Keule
- der ist halb Gott und halb Mensch
- der wohnt in so einem berühmten Park, aber der Park heißt nicht wie er
- im Berg ist eine Treppe drin
- unten ist so ein eckiges Schloss und darauf eine Pyramide und obendrauf ist der dann
- die Statue hat drei goldene Äpfel in der Hand

Welche hessische Sehenswürdigkeit habe die Kinder beschrieben?

A Niederwalddenkmal **B Herkules**

C Goethe-Denkmal **D Brüder-Grimm-Denkmal**

MACHT UND MACHER

Für die nächste Frage hat sich das hessenquiz-Team auf dem Frankfurter Flughafen, dem größten Flughafen Europas, umgeschaut. Jedes Jahr im Februar gibt es hier Sonderflüge der Lufthansa Cargo aus Südamerika und Afrika, um etwas ganz Bestimmtes in großen Mengen zu uns nach Frankfurt zu bringen.

Wen oder was befördert die Lufthansa Cargo jeden Februar von Südamerika und Afrika nach Frankfurt?

A Samba-Tänzerinnen **B Streusalz**

C Rosen **D Karnevalskostüme**

KLATSCH UND LEUTE

Als Joachim Król – bekannt als Tatort-Kommissar Frank Steier – im Mai 2013 seinen Ausstieg aus dem Frankfurter Tatort bekannt gab, wurde lange gerätselt, wer in seine Fußstapfen treten würde. Die Verkündigung seines Nachfolgers war dann tatsächlich eine Überraschung.

Wie heißt der Tatort-Kommissar, der die Nachfolge von Joachim Król angetreten hat?

A Ulrich Tukur
B Christoph Walz
C Wolfram Koch
D Til Schweiger

VERGISSMEINNICHT

Limburg an der Lahn liegt an einer historischen Handelsstraße. Vor dem Bau der ersten Lahnbrücke mussten fremde Händler den Fluss an einer niedrigen Furt durchqueren. Manchmal waren aber die Fuhrwerke dafür nicht ausgelegt, sodass die Waren abgeladen und getragen werden mussten. Diese Aufgabe übernahmen dann die Limburger – und wurden damit reich. Auch nach dem Bau der ersten steinernen Brücke halfen Tagelöhner weiterhin beim Transport in und durch die Stadt, denn die Gassen in der Limburger Altstadt waren sehr eng. Dieser Job verschaffte den Limburgern schließlich einen besonderen Spitznamen.

Wie werden die Limburger bis heute genannt?

A Kistenschlepper
B Packmänner
C Säcker
D Seilzieher

MUNDART

Und jetzt geht es wieder um Mundart – und zwar um einen Begriff, der im Odenwald beheimatet ist:

Was ist ein Odenwälder, der „lummerisch" ist?

A schlecht gelaunt
B verliebt
C erkältet
D erschöpft

WAS IST WAS?

Wer auf die Lösung B gekommen ist, liegt goldrichtig, denn gemeint war der Herkules in Kassel. Die Statue des griechischen Halbgottes wurde von den Kindern der Auefeldschule in Kassel beschrieben und man merkt, dass da eigene Erfahrung drinsteckt. Schließlich thront er ja unübersehbar im Bergpark Wilhelmshöhe – es sei denn, man fährt auf der A44 oder der A7 an Kassel vorbei und kann nicht nach hinten blicken. Erbaut wurde die barocke Anlage, die ebenso wie das Standbild den Namen „Herkules" trägt, Anfang des 18. Jahrhunderts unter Landgraf Karl von Hessen-Kassel. Tatsächlich hatte der Landgraf auf einer Italienreise eine weltberühmte antike Herkules-Statue gesehen und beschlossen, mit einer ähnlichen Figur seinen Herrschaftsanspruch zu versinnbildlichen. Das Standbild steht auf einem Riesenschloss, dem Oktogon, auf dem sich eine Dachpyramide befindet, auf der wiederum der Herkules steht. Er ist rund 8 m hoch und allein sein Fuß misst 1,25 m – da kann mancher Erstklässler mit seiner gesamten Körpergröße gerade so mithalten! Die Kupferstatue zeigt den muskelbepackten mythologischen Helden mit Keule und Löwenfell; in der Hand hinter seinem Rücken hält er die Äpfel, die er als eine seiner zwölf Aufgaben den Hesperiden stehlen musste. Dass er aber als Baby schon die Ställe des Augias ausgemistet haben soll, entspringt dann doch der kindlichen Fantasie ...

MACHT UND MACHER

Richtig liegen hier alle Romantiker mit Lösung C: Rosen. Rund 1000 Tonnen Rosen, vornehmlich aus Kenia, Kolumbien und Ecuador, werden jedes Jahr im Februar nach Frankfurt befördert. Das hat einen guten Grund: Am 14. Februar ist Valentinstag – und da möchte jeder romantische Europäer seine Liebste mit Rosen beglücken. Und die wachsen um diese Jahreszeit nun einmal am besten in Südamerika und Afrika.

KLATSCH UND LEUTE

Die Auflösung ist C: Wolfram Koch. 1962 wurde er in Paris geboren, mit den Jahren hat er sich aber zu einem echten Hessen gemausert. Er studierte Schauspiel an der Hochschule für Musik und Darstellende Kunst in Frankfurt und war jahrelang im Ensemble des Frankfurter Schauspielhauses. Inzwischen ist er, da sein Herz vor allem fürs Theater schlägt, auf allen Bühnen der Republik unterwegs und zu einem der gefragtesten deutschen Schauspieler geworden – auch in Film und Fernsehen. Dass er sich für den Frankfurter Tatort entschieden hat, kommt nicht von ungefähr: Wolfram Koch lebt in Frankfurt-Sachsenhausen, da ist seine „Verbeamtung“ in der Mainmetropole quasi ein

Heimspiel. Den Namen „Paul Brix" hat er sich übrigens selbst ausgesucht, weil er so schön kurz und knapp ist. Im Mai 2015 ging Wolfram Koch zum ersten Mal mit seiner Kollegin Margarita Broich als „Anna Janneke" auf Spurensuche.

Der Vollständigkeit halber sei hier noch erwähnt, dass Ulrich Tukur auch einen Tatort-Kommissar verkörpert, nämlich Felix Murot – aber dessen Dienststelle befindet sich in Wiesbaden.

VERGISSMEINNICHT

Hier stimmt Antwort C, Säcker. Die Limburger haben die Waren nämlich in Säcke umgeladen, auf ihrem Rücken durch die Furt getragen und auf der anderen Seite wieder auf Wagen verfrachtet oder durch die engen Gassen gebracht und in Lagerhäusern verstaut. Deshalb werden bis heute die Einwohner Limburgs „Säcker" genannt. Limburger der zweiten Generation heißen übrigens „Edelsäcker" – aber nur, wenn sie in der Altstadt beheimatet sind.

MUNDART

Wer hier auf D getippt hat, liegt richtig. „Lummerisch" bedeutet erschöpft. Abgespannt. Müde. Schlaff. Wie man sich eben nach einem Tag harter Arbeit im schönen Odenwald so fühlt.

STADT LAND FLUSS

Die Rhön hat bekanntermaßen den Status eines Biosphärenreservats. Das heißt: Hier stehen Tiere, Gewässer und Pflanzen unter besonderem Schutz – dennoch ist es kein Naturschutzgebiet, sondern eine Region, in der Mensch und Natur im Einklang stehen sollen. Zu den Zielen zählen auch der Klimaschutz, die Landnutzung unter ökologischen Gesichtspunkten sowie die Forschungs- und die Bildungsfunktion. Seit August 2014 darf sich die Rhön, das „Land der offenen Fernen", noch mit einem weiteren Titel schmücken.

Wie darf sich das Biosphärenreservat Rhön seit August 2014 nennen?

A Sternenpark **B Wolfsreservat**

C Märchenwelt **D Edelsteinregion**

MACHT UND MACHER

In der Metropole Osthessens, in Fulda, gibt es nicht nur einen bedeutenden Dom, zahlreiche Kirchen und ein barockes Stadtschloss, sondern auch eine Reihe von Krankenhäusern und Kliniken. Eine dieser Kliniken ist wirklich sehr außergewöhnlich und in Deutschland einzigartig – und sie wird von vielen Menschen aufgesucht, obwohl diese dort nicht behandelt werden ...

Welche ungewöhnliche Klinik gibt es in Fulda? Eine Klinik für ...

A Frösche
B Orchideen
C Blockflöten
D Zinnsoldaten

KLATSCH UND LEUTE

Im Sommer 2015 war es so weit: Im Rhein-Main-Gebiet wurde eine neue Ausflugsattraktion eröffnet, die sowohl für die Jungen als auch für die ältere Generation attraktiv ist. Vor allem Tierfreunde kommen dort auf ihre Kosten ...

Welche tierische Neuheit wurde Ende August 2015 im Rhein-Main-Gebiet eröffnet?

A Angelweg von Main bis Rhein
B Safariroute von Zoo zu Zoo
C Dschungelwelt für Exoten
D Gepardenstreichelstation

VERGISSMEINNICHT

Im Süden Hessens – genauer gesagt an der schönen Bergstraße – liegt Bensheim, mit rund 40.000 Einwohnern die größte Stadt des Landkreises Bergstraße. Im Stadtteil Auerbach kann man noch heute das sogenannte „Fürstenlager" der Landgrafen und Großherzöge von Hessen-Darmstadt besichtigen. Da stellt sich doch spontan die folgende Frage:

Wozu diente das „Fürstenlager" im Odenwald früher? Als ...

A Brautbett **B Rüstkammer**

C Sommerresidenz **D Brauhaus**

MUNDART

Kinder können einen doch immer wieder überraschen! Davon kann auch Marianne Pitz aus Kirchhain erzählen, die neulich bei Freunden zu Besuch war. Diese haben einen kleinen Sohn – und dessen Verhalten hat Marianne doch sehr erstaunt.

„Der Kleene von unsre Freunde as ja wirklich goldisch. Neulich hätt dersche vor lauder Freire lauder Stozzegebollersche gemacht!"

Was machte der Sohn von Mariannes Freunden vor lauter Freude?

A Rülpser **B Grimassen**

C Purzelbäume **D Pupser**

STADT LAND FLUSS

Lösung A ist richtig: Sternenpark. Der Grund liegt auf der Hand, denn in der Rhön ist es aufgrund der dünnen Besiedelung nachts dunkler als an vielen anderen Orten der Republik – ideal zur Beobachtung von Sternen. Die Auszeichnung „Sternenpark" erhalten Gebiete, in denen man nicht nur die Schönheit des Sternenhimmels bewundern kann, sondern die auch Lebensraum für viele nachtaktive Tiere und Pflanzen bieten, wie Fledermäuse, Füchse oder Nachtschattengewächse. Um der „Lichtverschmutzung" – also dem ungenutzten Abstrahlen von künstlichem Licht in den Nachthimmel – vorzubeugen, haben viele Gemeinden in der Rhön ein gemeinsames Beleuchtungskonzept erarbeitet. Bei diesem geht es in erster Linie darum, dass Leuchten von oben nach unten strahlen, ihre Lichtfarbe einen geringen Blauanteil besitzt und Lichtmenge und Beleuchtungsdauer dem tatsächlichen Beleuchtungsbedarf angepasst sind. Die „International Dark Sky Association" erkannte die Rhön deshalb nun als Sternenpark an.

Ausflugtipp

Der Verein Sternenpark Rhön e.V. bietet das ganze Jahr hindurch Nachtwanderungen im Sternenpark Rhön an:

Sternenpark im Biosphärenreservat Rhön
Sabine Frank
Tel.: 0800 9719772
www.sternenpark-rhoen.de

MACHT UND MACHER

Antwort C stimmt, eine Klinik für Blockflöten. In Fulda gibt es die Firma Mollenhauer, einen der ältesten und bekanntesten Blockflötenhersteller Deutschlands. Ein Traditionsunternehmen, das schon fast 200 Jahre alt ist. Und wenn man eine kranke Blockflöte hat, kann man sie zu Mollenhauer in die Klinik bringen – zum Erneuern von Kork oder Wicklung, Kleben von Rissen, Reparieren von Klappen oder was es sonst noch zu tun gibt.

KLATSCH UND LEUTE

Richtig ist B, eine Safariroute von Zoo zu Zoo – und zwar eine 24,8 km lange Fahrradstrecke des Regionalparks RheinMain zwischen dem Kronberger Opel-Zoo und dem Zoo Frankfurt. Sie spielt mit dem Szenario „Was wäre, wenn die Tiere aus den Zoos ausgebrochen wären?“ Witzige Hinweisschilder für die Radelnden zeigen beispielsweise ein Elefantenüberholverbot, eine Giraffenumleitung bei niedriger Unterführung oder auch eine Tigerliegewiese. Dass hier bislang noch kein Tiger gesichtet wurde, darüber sind sicher alle Radler froh ...

Ausflugtipp

Die Route ist ausgeschildert in beiden Richtungen mit dem Regionalparkwegweiser „Safari“, Kinder mit Rädern brauchen ca. 6-7 Stunden.

Auskunft:

Regionalpark Ballungsraum RheinMain GmbH
Frankfurter Straße 76
65439 Flörsheim am Main
Tel.: 06145 9363620
www.safariroute.de
www.regionalpark-rheinmain.de

VERGISSMEINNICHT

Richtig ist bei dieser Frage die Antwort C: als Sommerresidenz. Mitte des 18. Jahrhunderts wurden bei Auerbach drei „Gesundbrunnen“ entdeckt und die landgräfliche Familie kam regelmäßig zum Kuren. Schließlich ließen die Landgrafen und Großherzöge von Hessen-Darmstadt hier ihre Sommerresidenz errichten – in einem etwa 46 Hektar großen Park, in dem eine Vielzahl von Hofgebäuden wie zu einem Dorf angeordnet sind. Obwohl die „fürstliche“ Familie nun regelmäßig hier weilte, blieb das Areal auch für die Öffentlichkeit weiterhin zugänglich. Jeder konnte nun im Sommer die Herrschaften im Park lagern sehen – und so entstand der Name „Fürstenlager“.

Ausflugtipp

Staatspark Fürstenlager
64625 Bensheim-Auerbach
Tel.: 06251 93460
www.schloesser-hessen.de

Der Staatspark ist täglich geöffnet und frei zugänglich.

MUNDART

Korrekt ist hier die Antwort C, die Purzelbäume. Der Sohn von Mariannes Freunden machte nämlich vor Freude über den Besuch eine ganze Menge Purzelbäume.

„Der Kleine von unseren Freunden ist ja wirklich goldig. Neulich hat der vor lauter Freude andauernd Purzelbäume gemacht!“

hessenquiz 5

STADT LAND FLUSS

Der Taufstein ist ein Berg mit einer Höhe von 773 Metern über Normalhöhennull. Auf ihm steht ein zu Ehren des populären Reichskanzlers Fürst Otto von Bismarck errichteter „Bismarckturm", der 1910 feierlich eingeweiht wurde. Wie bei vielen anderen Bismarcktürmen auch findet man hier eine Feuerschale, in der früher an Fest- und Gedenktagen ein Feuer entzündet wurde. Zwei Wendeltreppen führen mit insgesamt 101 Stufen zur Aussichtsplattform, von der man einen wunderschönen Blick über weite Teile Hessens hat.

Wenn man auf dem Taufstein steht, dann befindet man sich ...?

A im Westerwald

B in der Rhön

C im Vogelsberg

D auf dem Hohen Meißner

MACHT UND MACHER

Bestimmt träumt mancher Hesse tief in seinem Inneren davon, einmal Bürgermeister zu werden und die Geschicke einer Gemeinde oder einer Stadt zu leiten. Doch wie so oft hat das hessische Gesetz vor das Amt eine ganz eindeutige Bestimmung gesetzt – und diese wurde im

April 2015 in der Hessischen Gemeindeordnung neu geregelt. Man sollte also erst einmal prüfen, ob man diese erfüllen kann, ehe man als Kandidat für das Bürgermeisteramt ins Rennen geht ...

Welche Voraussetzung muss man erfüllen, um bei einer Bürgermeisterwahl in Hessen antreten zu dürfen? Man muss ...

A Parteimitglied sein. **B unter 55 Jahren sein.**

C über 18 Jahren sein. **D Abitur besitzen.**

KLATSCH UND LEUTE

In der Universitätsstadt Gießen öffnete im Frühjahr 2011 ein ganz spezielles Museum seine Pforten, in dem sich alles um einen bestimmten Gebrauchsgegenstand dreht. Die Sammlung besteht aus von Bürgern gespendeten oder als Dauerleihgabe zur Verfügung gestellten Objekten. Nun gibt es aber derart viele alltägliche Dinge, denen man ein Museum widmen könnte, dass an dieser Stelle ein kleiner Tipp angebracht ist: Man braucht diesen Gegenstand überwiegend im Sommer ...

In Gießen gibt es weltweit das einzige Museum für ...

A Badehosen **B Ventilatoren**

C Cabriolets **D Gießkannen**

VERGISSMEINNICHT

Die folgende Vergissmeinnicht-Frage führt zurück in die 1950er-Jahre. Sie beschäftigt sich mit einem Wettbewerb, der heute noch stattfindet und inzwischen ein Millionenpublikum hat – und das nicht nur in Deutschland, sondern auf der ganzen Welt. 1957 gab es in der Mainmetropole Frankfurt nämlich eine echte Premiere, denn hier fand zum ersten Mal in Deutschland diese ganz besondere Veranstaltung statt.

Was wurde am 3. März 1957 in Frankfurt erstmals auf deutschem Boden ausgetragen?

A Modelshow
B Boxkampf
C Leichtathletik-WM
D Eurovision Song Contest

MUNDART

Es folgt nun ein kleiner Abstecher in die hessische Mundart – dieses Mal in den Nordosten Hessens. Hier, im mundartlich besonders reizvollen Werra-Meißner-Kreis, ist die Heimat eines sehr interessanten Wortes.

Was bedeutet im Werra-Meißner-Kreis der Ausdruck „quaanzen"?

A herumlungern
B ausgiebig einkaufen
C tratschen
D auspressen

STADT LAND FLUSS

Richtig ist Lösung C, im Vogelsberg. Der Taufstein ist übrigens der höchste Gipfel im Vogelsberg und liegt bei Breungeshain, einem Stadtteil von Schotten, im Vogelsbergkreis. Allerdings erfüllt er auf den ersten Blick nicht die Vorstellungen von einem Berggipfel, denn er ragt nur wenig aus seiner Umgebung heraus. Außerdem ist er komplett mit Wald bestanden – was übrigens für das ganze Gebiet des sogenannten Oberwaldes im Vogelsberg gilt. Egal also von welcher Seite man ihn fotografieren will – man sieht immer nur eine bewaldete Kuppe. Umso schöner, dass der Bismarckturm mit seiner Höhe von 26 m die Bäume überragt und tief ins Vogelsberg-Land blicken lässt.

MACHT UND MACHER

C ist die korrekte Antwort, man muss mindestens 18 Jahre alt sein. Die überarbeitete Hessische Gemeindeordnung regelt das wie folgt: Man muss Deutscher oder EU-Bürger sein und man muss am Wahltag das 18. Lebensjahr vollendet haben. Das war bis Frühjahr 2015 nicht so, da galt für Bürgermeister noch ein Mindestalter von 25 Jahren. Damals lag das Höchstalter für ein Stadt- oder Gemeindeoberhaupt in Hessen bei 71 Jahren, aber auch das wurde geändert: Künftig gibt es überhaupt keine Altersbeschränkung mehr – solange der Kandidat seinen 18. Geburtstag bereits gefeiert hat. Weitere Auflagen gibt es nicht: In einer Partei oder im Besitz eines Abiturzeugnisses muss man definitiv nicht sein.

KLATSCH UND LEUTE

Richtig ist D, das weltweit einzige Museum für Gießkannen. Was liegt auch näher als in einer Stadt, deren Name Programm für eine künstliche Beregnung ist, ein Gießkannenmuseum zu eröffnen? Das dachten sich auch die Mitglieder der Künstlergruppe „Gärtnerpflichten" und initiierten im Vorfeld der Landesgartenschau von 2014 ein Mitmachprojekt für die Bürger. Nach dem Motto „Des Gärtners erste Pflicht: Gießen!" wurden in Gießen Hunderte Kannen von Gießener Bürgern zusammengetragen. Inzwischen sind es über 1000 Exponate, die nicht nur aus Hessen, sondern aus der ganzen Welt stammen: Zimmergießkannen und Gartenkannen, Design-Objekte und Kinderspielzeug, Kannen aus Plastik, Metall oder Keramik, in Elefanten- oder Dackelform. Zunächst sollte das Museum nur bis zur Landesgartenschau 2014 geöffnet bleiben, doch seit Frühjahr 2015 gehört das „GiKaMu" fest zur Museumslandschaft Gießens mit Führungen, Fotowettbewerben und dem vom Gießkannenmuseum ins Leben gerufene „Tag der Gießkanne".

Ausflugtipp

Gießkannenmuseum Gießen in der Galerie Neustädter Tor
Neustadt 28
35390 Gießen
Tel.: 0641 3062028
Öffnungszeiten: immer Freitag und Samstag von 15 bis 18 Uhr
www.giesskannenmusuem.de

VERGISSMEINNICHT

Tatsächlich ist D die richtige Antwort, Eurovision Song Contest. Der legendäre Songwettbewerb – damals noch „Grand Prix Eurovision de la Chanson" genannt – wurde 1956 in Lugano aus der Taufe gehoben. Damals galt die Regel noch nicht, dass das Gewinnerland den Wettbewerb im Folgejahr austrägt. So konnte der Hessische Rundfunk in Frankfurt 1957 Gastgeber werden, obwohl Deutschland nicht gewonnen hatte. Sieger wurde 1957 übrigens die Niederländerin Corry Brokken, Deutschland landete mit Margot Hielschers „Telefon, Telefon" auf Platz 4.

MUNDART

Richtig ist B, ausgiebig einkaufen. Also, meine Damen, ab jetzt geht es nicht mehr shoppen, sondern quaanzen!

WAS IST WAS?

Jetzt geht es nicht um eine hessische Sehenswürdigkeit oder eine Landschaft, sondern um einen ganz bekannten Hessen, den eigentlich alle kennen sollten. Die Hinweise kommen dieses Mal von den Kindern der Freiherr-vom-Stein-Schule in Herbstein – und die haben das ganz toll gemacht!

- ich glaube, der raucht viel und hat deswegen eine ganz raue Stimme
- und der hat früher mal richtig gut Basketball gespielt
- eigentlich wollte er Feuerwehrmann werden, aber dann hatte er einen ganz schlimmen Unfall, deswegen ist sein Lächeln ja auch ein kleines bisschen schief
- nach dem Unfall war er von oben bis unten eingegipst
- ja, und der konnte fast zwei Jahre lang nicht mehr laufen
- da ist er dann halt Rechtsanwalt geworden
- er isst gern Schnitzel mit rotem Reis
- der hatte früher so gelbe Haare, dann wurde er immer älter und dann hatte er graue Haare
- er schwört, dass er nichts falsch macht und so
- und aufpasst, dass alle Leute genügend Geld haben
- bei Drillingen wird der der Patenonkel von denen, weil die ja vielleicht nicht genügend Geld haben für die Kinder
- der wurde in Gießen geboren
- und der hat immer eine Krawatte an
- der ist schon Opa
- seine Frau heißt Ursula
- der hat sein Büro in Wiesbaden
- der ist sozusagen der Kapitän von der Politikermannschaft
- aber das kann der nicht einfach so werden, dazu muss er gewählt werden
- bei ihm waren schon echte Prinzessinnen zu Besuch

Welche hessische Persönlichkeit haben die Kinder beschrieben?

A Dieter Müller **B** Matthias Reim

C Volker Bouffier **D** Uwe Ochsenknecht

MACHT UND MACHER

Inmitten des Hessischen Kegelspiels – also in der Rhön – befindet sich der Zintlhof in Leibolz, einem Ortsteil der Marktgemeinde Eiterfeld. Seit 1996 betreiben Thomas und Beatrix Zintl hier einen Geflügelhof mit Hühnern, Enten, Gänsen, Perlhühnern und Wachteln sowie einen dazugehörigen Hofladen. Doch das Federvieh allein reichte Thomas Zintl nicht und er beschloss, aus einem Hobby eine professionelle Leidenschaft zu machen. Seit einigen Jahren bietet er nun schon ein ganz besonderes Freizeitangebot an.

Welche in Osthessen außergewöhnliche Attraktion bietet der Zintlhof in Eiterfeld an?

A Papierdrachenflug

B Kameltrekking

C Schafschurseminare

D Ostereiermalerei

KLATSCH UND LEUTE

Dialekt-Comics erfreuen sich großer Beliebtheit – vor allem, wenn sich der einheimische Leser darin wiedererkennen kann. 1997 erschien der erste „Asterix-und-Obelix"-Comic auf Hessisch, im Frühjahr 2014 kam mit „Die Klaabankestadt" bereits das zehnte Album in Mundart heraus. Auch „Tim und Struppi" babbeln seit 2013 Hessisch – genauso wie die chaotischen gelben Simpsons, die Kult-Fernsehfamilie aus Springfield. Die hessische Mundartausgabe war die erste Dialektübersetzung überhaupt – klar, dass da ein starker Titel hermusste. Und er hält sogar, was er verspricht!

Wie heißt der erste hessische Comic der Simpsons?

A Ein Bembel voller Ebbelwoi

B Homer mit Schlappmaul

C Fer Simbel

D Springfield goes Hessen

VERGISSMEINNICHT

In Hessen gibt es eine Vielzahl von Traditionen, die immer noch oder erneut gepflegt werden – so auch im Odenwald. Hier wird seit 2004 jedes Frühjahr an zahlreichen Orten wieder ein außergewöhnlicher Brauch zelebriert, der vermutlich bereits auf die alten Römer zurückgeht, aber vor etwa 200 Jahren in Vergessenheit geriet. Heute kommen Kinder, Erwachsene und geschichtlich Interessierte wieder zusammen, um diesen Brauch mit einer Art historischem Volksfest zu zelebrieren.

Welche Tradition wird seit 2004 im Odenwald wieder gefeiert?

A Lärmfeuer **B Brezelsingen**

C Osterräder **D Eierkronen**

MUNDART

Die letzte Frage der zweiten Runde widmet sich der mittelhessischen Mundart. Sie wird auch als „Platt" bezeichnet und besitzt als besonderes Kennzeichen das charakteristische „gerollte" R. Dieses „Rrrr" findet sich auch in dem folgenden Wort wieder, das einen Menschen mit einer ganz besonderen Eigenschaft beschreibt.

Was nennt man in der Gegend von Wetzlar an der Lahn „Broikietz"?

A eine Glatze **B einen Bierbauch**

C eine Tätowierung **D eine eingefallene Brust**

WAS IST WAS?

Die Beschreibung war ja wohl eindeutig: C ist richtig, Volker Bouffier. Er wurde am 18. Dezember 1951 in Gießen geboren und wollte als kleiner Junge tatsächlich gerne Feuerwehrmann werden, da sein Großvater ihn immer mit zur Feuerwehr nahm. Bouffier spielte in seiner Jugend Basketball beim MTV Gießen und war sogar Jugendnationalspieler, doch ein schwerer Autounfall auf der Heimfahrt vom Skiurlaub beendete jäh seine Sportlerkarriere. Dieser Unfall hätte ihn fast ein Bein gekostet. Nach vielen Schmerzen und hartem Training konnte Volker Bouffier erst nach zwei Jahren wieder laufen. Im August 2010 wurde er zum neunten Ministerpräsidenten des Landes Hessen gewählt und – nach dem Scheitern des Bündnisses aus CDU und FDP – im Januar 2014 im Rahmen einer schwarz-grünen Koalition in seinem Amt bestätigt. Klar, dass er als Ministerpräsident der „Kapitän" im Kabinett ist und er auch einen Amtseid schwören musste. Die Kinder aus Herbstein haben übrigens ganz richtig erzählt, dass der hessische Ministerpräsident automatisch die Patenschaft bei Mehrlingsgeburten ab drei Kindern übernimmt. Und außerdem ist es doch sehr beruhigend zu wissen, dass Volker Bouffier bereits Opa ist und immer darauf achtet, dass alle Leute genügend Geld haben ...

MACHT UND MACHER

Richtig ist B: Kameltrekking – für Groß und Klein. Thomas Zintl hält auf seinem Hof nämlich Mongolische Trampeltiere, die für das raue Leben in der Rhön bestens geeignet sind, da sie Temperaturen bis zu minus 40 Grad aushalten. Angefangen hat alles mit zwei Fohlen aus einem Zoo, inzwischen bevölkert eine ganze Herde die Koppeln des Zintlhofes. Rund drei Jahre dauert es, bis sich ein Jungtier an die Halfterführung gewöhnt hat und geritten werden kann. Das Angebot ist vielfältig: Vom Schnupperkurs über fußgeführte Familientouren in Begleitung von Lamas und Kamelfohlen bis hin zu längeren Trekkingtouren – und das auch noch inmitten der thematisch durchaus passenden osthessischen „Höckerrhön".

Ausflugtipp

Zintlhof – Thomas Zintl
Im Unterdorf 6
36132 Eiterfeld – Leibolz
Tel.: 06672 302
www.zintlhof.de

KLATSCH UND LEUTE

Lösung C stimmt, der Simpsons-Comic heißt „Fer Simbel". Frei übersetzt könnte man sagen: Für Dummköpfe. Ins Hessische übertragen

wurde er vom Comedian und Hessebilly-Musiker Bobby von Schwanheim, der schon immer ein großer Freund der anarchistischen Zeichentrick-Familie war. Und so heißt es dann auch: „Mach mer ma en Schobbe, Moe" und die Protagonisten werden als „Lumbesäckl" und „Babbnas" tituliert. Bald sollen noch weitere Mundart-Übersetzungen, zum Beispiel eine bayrische Version, auf den Markt kommen.

VERGISSMEINNICHT

Wer A getippt hat, liegt richtig: Es geht hier um Lärmfeuer. Jedes Frühjahr werden auf den Hügeln im Odenwald und an der Bergstraße große Holzstöße entzündet oder Türme, Burgen und Schlösser mit Scheinwerfern illuminiert. Die Entstehung dieses Brauches führt in die Antike zurück, denn schon die Römer benutzten das Feuer als Signalkette: Ständig besetzte Feuerstationen auf den Hügeln waren schnell in der Lage, eine Warnung mit Feuer in der Nacht und mit Rauch am Tag weiterzugeben. Der seltsame Name „Lärmfeuer" hat demnach nichts mit „Lärm" zu tun, sondern kommt von „alarmieren". Heute ist aus dieser findigen Notwendigkeit ein Volksfest geworden, das an rund 30 Orten gleichzeitig stattfindet.

Informationen zum Lärmfeuer unter:
www.tourismus-odenwald.de

MUNDART

Antwort B ist die einzig richtige: einen Bierbauch. „Broi" klingt ja auch schon nach etwas Gebrautem – und so lautet die Frage, ob jemand dem Alkohol zugetan ist, in dieser Region auch: „Girre o die Broi?"

STADT LAND FLUSS

Die Stadt Lorsch ist ein beschauliches südhessisches Städtchen und wird auch das Tor zur Bergstraße genannt. Bekannt ist es vor allem wegen seines UNESCO-Weltkulturerbes, das alljährlich viele Touristen anzieht: die ehemalige Benediktinerabtei Kloster Lorsch mit seiner berühmten Torhalle aus karolingischer Zeit. Die Abtei war im Früh- und im Hochmittelalter ein bedeutendes Reichskloster, dem der größte Teil des heutigen Kreises Bergstraße und große Teile des Odenwaldkreises gehörten. Nach umfangreichen Um- und Ausbauarbeiten wurde dort in der Abtei im September 2014 etwas europaweit Einzigartiges eröffnet.

Was wurde im September 2014 in Lorsch als Erstes europaweit eröffnet? Ein ...

A Freilichtlabor **B Tabakmuseum**

C Weinfass-Karussell **D neuer Nibelungenpfad**

MACHT UND MACHER

Im November 2015 jährte sich zum neunzigsten Mal der Geburtstag des Industriedesigners Günter Kupetz. Geboren wurde er in Berlin, Berühmtheit erlangte er aber in Kassel, als Professor der Kasseler Werkkunstschule. Dort unterrichtete er das Fach „Gebrauchsgüterdesign" und ging seinen Studenten auch mit gutem Beispiel voran: Von ihm stammen beispielsweise die bekannte Pril-Spülmittelflasche und der Hähnchengrill der Wienerwald-Restaurants. Am bekanntesten aber ist ein 1969 von ihm entworfenes Alltagsprodukt, das heute das vermutlich meist produzierte Designobjekt der Welt ist.

Welches Alltagsprodukt hat der Designer Günter Kupetz 1969 in Kassel entworfen?

A Wählscheibentelefon **B Billy-Regal**

C Mineralwasserflasche **D Einbein-Melkstuhl**

KLATSCH UND LEUTE

Til Schweiger ist ein Multitalent des deutschen Films: Als Schauspieler führte sein Weg von der Lindenstraße in den Tatort-Olymp. Als Regisseur, Drehbuchautor und Produzent sorgte er für Kinoerfolge wie „Keinohrhasen" und „Honig im Kopf". Dass Til Schweiger mit seinen beiden Brüdern in Heuchelheim bei Gießen aufwuchs, ist den Hessen natürlich schon lange bekannt. Aber auch international ist der kleine Ort inzwischen zu einem Begriff geworden – denn die von Til Schweiger gespielte Hauptfigur zieht sich in einem seiner Filme nach Heuchelheim zurück.

In welchem Til-Schweiger-Film nimmt sich der Held eine Auszeit in Heuchelheim?

A Zweiohrküken **B Männerherzen 1**

C Knockin' on Heaven's Door **D Honig im Kopf**

VERGISSMEINNICHT

Im Jahr 1901 ereignete sich in Hessen bei Bad Schwalbach ein folgenschwerer Unfall: Der reiche Engländer Lord Carnarvon rammte mit seinem Auto – einem der ersten überhaupt – einen Ochsenkarren. Zur Heilung seiner schweren Verletzungen wurde ihm heißes und trockenes Klima empfohlen – folglich verbrachte der Lord seine Winter fortan im Warmen, wo er archäologische Ausgrabungen finanzierte. Und bei einer dieser Ausgrabungen wurde etwas Sensationelles entdeckt.

Welche archäologische Sensation geht auf den Autounfall bei Bad Schwalbach zurück? Die Entdeckung ...

A von Tutanchamun
B der Terrakotta-Armee
C des Petrusgrabes
D von Kloster Lorsch

MUNDART

Im osthessischen Hünfeld, nahe dem Naturpark Hessische Rhön, wohnt Dietmar Weidenbörner – und der hat ein schwerwiegendes Problem mit seiner Jacke. Denn jedes Mal, wenn er sie anziehen möchte, muss er Folgendes feststellen:

„Kerle jong, das bassiert me awer auch immer widder, dass min Motze hergerstalzvernescht is."

Was passiert Dietmar seiner Jacke? Immer ...

A verwechselt er sie.
B ist sie verfleckt.
C vergisst er sie.
D ist sie linksherum.

STADT LAND FLUSS

Antwort A ist die Lösung: ein Freilichtlabor. Die Besucher können von Frühjahr bis Herbst in einem vier Hektar großen Areal des Klosters Lorsch das Leben der einfachen Menschen zur Zeit Karls des Großen nachempfinden. Die Siedlung „Lauresham" – so lautet der ursprüngliche Name von Lorsch – besteht aus 21 Wirtschafts-, Wohn- und Stallbauten sowie dazugehörigen Weiden, Gärten und Ackerflächen. Um das Leben im Mittelalter so anschaulich wie möglich darzustellen, werden Tiere angesiedelt und immer wieder ziehen Mittelaltergruppen und Forscher ein, die dann wie die Menschen vor über tausend Jahren leben. Es werden Werkzeuge der damaligen Zeit genutzt, Wein angebaut und die Honiggewinnung gezeigt. Vor allem für Familien mit Kindern ist das Freilichtlabor – das sich bewusst nicht „Museum" nennt – ein tolles Ausflugsziel.

Ausflugtipp
Karolingisches Freilichtlabor Lauresham
Im Klosterfeld 6 – 10
64653 Lorsch
Tel.: 06251 51446
www.welterbe-areal-kloster-lorsch.de
Öffnungszeiten: Dienstag bis Sonntag 10 bis 17 Uhr

MACHT UND MACHER

Richtig ist C: die Mineralwasserflasche. Kupetz bekam von der Genossenschaft Deutscher Brunnen (GDB) den Auftrag, eine einheitliche Mineralwasserflasche zu entwerfen, denn bis zu diesem Zeitpunkt hatte jeder Brunnen noch seine eigenen Flaschen, die aufwendig sortiert und zurückgeschickt werden mussten. Die neue „Normbrunnenflasche" bekam eine griffige Taille und 230 stilisierte Kohlensäureperlen, die ihr eine gewisse Frische und Eleganz verliehen, und eroberte als „Perlenflasche" den deutschen Markt. Eine wesentliche technische Verbesserung war auch der Schraubverschluss, der eine automatische Abfüllung erlaubte. Seit 1969 hat die GDB fast sechs Milliarden dieser Flaschen produziert – aneinandergereiht würden sie übrigens von der Erde bis zum Mond reichen!

KLATSCH UND LEUTE

Antwort B stimmt, denn in Til Schweigers Film „Männerherzen 1“ kommt tatsächlich Heuchelheim vor. Schweiger spielt den gestressten Musikproduzenten Jérome aus Berlin, der sich in seinem hessischen Heimatort eine Auszeit nimmt. Schweiger alias Jérome erklärt sogar ausdrücklich: „Ich komm' aus Heuchelheim. Ein kleines Kaff in Hessen, bei Gießen. Ist voll schön da!“

VERGISSMEINNICHT

Richtig ist A: die Entdeckung von Tutanchamun – dem wohl berühmtesten altägyptischen Pharao. Lord Carnarvon, der das dritte in England zugelassene Auto besaß, fuhr gern und schnell – und so kam es, dass er auf der Bäderstraße oberhalb von Bad Schwalbach, wo seine Frau ihn erwartete, mit einem Ochsenkarren zusammenstieß. Er überschlug sich mit seinem Auto und erlitt so schwere Verletzungen, dass er für den Rest seines Lebens darunter zu leiden hatte. Im trockenen Klima von Ägypten, das man ihm empfohlen hatte, lernte er schließlich Howard Carter kennen, mit dem er 1922 im Tal der Könige das Grab Tutanchamuns entdeckte. Somit kann man mit Fug und Recht behaupten, dass Lord Carnarvan ohne seinen Unfall in Hessen nie auf die Idee gekommen wäre, Ägypten zu bereisen und die Ausgrabungen im Tal der Könige zu unterstützen. Beim Hessentagsfestzug 2015 präsentierte sich dann auch Bad Schwalbach selbstbewusst und sehr „ägyptisch“, indem mit einem Motivwagen an die Geschichte des englischen Lords erinnert wurde.

MUNDART

Die Lösung ist hier D, denn Dietmars Jacke ist immer wieder linksherum, wenn er sie anziehen möchte.

„So was aber auch, das passiert mir aber auch immer wieder, dass meine Jacke linksherum ist."

hessenquiz 6

STADT LAND FLUSS

Erdkunde wird auch definiert als eine Wissenschaft, die sich mit den Erscheinungen und Sachverhalten der Erdoberfläche beschäftigt – und genau ein solcher Sachverhalt soll jetzt geklärt werden. Der Odenwald erstreckt sich über Hessen hinaus in die angrenzenden Bundesländer und es ist eine geografische Erscheinung, dass seine höchste Erhebung mit dem Katzenbuckel außerhalb Hessens liegt. Aber auch im hessischen Teil des Odenwalds geht es gewissermaßen hoch her.

Wie heißt die höchste Erhebung im hessischen Teil des Odenwalds?

A Wüstegarten

B Neunkircher Höhe

C Kalte Herberge

D Hohes Gras

MACHT UND MACHER

Im Herbst 2015 eröffnete auf dem Weinberg in Kassel ein neues Ausstellungshaus. Das eindrucksvolle Gebäude wirkt auf dem terrasierten Berg ein bisschen wie eine Burgruine, da es sich mit seinen Steinmauern und Steintreppen geschickt in die Umgebung einfügt. Im Inneren des Museums wird mit wertvollen Originalen sowie multimedialen und interaktiven Angeboten über zwei bedeutende Macher in der hessischen Geschichte berichtet.

Welches neue Museum wurde im September 2015 auf dem Kasseler Weinberg eröffnet?

A Goethe-Schiller-Archiv **B Mondo Christo**

C Grimmwelt **D Thyssen-Henschel-Haus**

KLATSCH UND LEUTE

2015 war ein besonderes Jahr für die Hessen – zumindest was den Euro betrifft. Denn erstmals zeigte eine Zwei-Euro-Münze eine hessische Sehenswürdigkeit. Seit 2006 gibt es in Deutschland diese Gedenkmünzen, die jeweils einem Bundesland gewidmet sind – und zwar dem, das im Ausgabejahr die Bundesratspräsidentschaft innehat. 2008 gelangte so beispielsweise der Hamburger Michel auf die Rückseite der Zwei-Euro-Münze, drei Jahre später entschied man sich für den Kölner Dom und 2015 war dann Hessen an der Reihe …

Welche hessische Sehenswürdigkeit ist seit Anfang 2015 auf Zwei-Euro-Münzen zu sehen?

A der Limburger Dom **B das Gießener Elefantenklo**

C der Kasseler Herkules **D die Frankfurter Paulskirche**

VERGISSMEINNICHT

Im nordhessischen Schwalm-Eder-Kreis liegt Stolzenbach, ein kleines Dorf mit rund 120 Einwohnern, das seit Anfang der 1970er-Jahre zur Stadt Borken gehört. Hier ereignete sich am 1. Juni 1988 eine Begebenheit, die weit über Hessen hinaus Aufmerksamkeit erregte und durch alle Medien ging. Schon bald sprach man im Zusammenhang mit diesem Ereignis vom „Wunder von Stolzenbach".

Was ist als „Wunder von Stolzenbach" bekannt?

A Marienerscheinung
B Rettung von Bergleuten
C Heilung eines Blinden
D Geburt von Zehnlingen

MUNDART

Nun geht es in den Westerwald mit seinem „Wäller Platt". Und obwohl es im Westerwald doch eigentlich so wunderschön ist, scheint man auch dort schlechte Laune und zwischenmenschliche Probleme zu kennen. Denn: Im Wäller Dialekt gibt es die entsprechenden Begriffe ...

Wenn im Westerwald jemand „broddsich" ist, dann ist er ...?

A missgünstig
B widerspenstig
C eingeschnappt
D überheblich

STADT LAND FLUSS

Richtig ist Antwort B, die Neunkircher Höhe. Sie ist mit 605 m die höchste Erhebung im hessischen Teil des Odenwalds. Aber auch die anderen Antwortmöglichkeiten sind im geografischen Sinne höchste Erhebungen: Das „Hohe Gras" befindet sich im Habichtswald, der „Wüstegarten" im Kellerwald und die „Kalte Herberge" ist die höchste Erhebung des Rheingaugebirges.

MACHT UND MACHER

Grimmwelt, also Antwort C, ist die richtige Lösung. In dem neuen Museum können Besucher alles über Jacob und Wilhelm Grimm erfahren. Das Leben der beiden Brüder von Hanau über Kassel bis nach Berlin wird ebenso beleuchtet wie die Entstehungsgeschichte des berühmten Wörterbuchs. Sogar ein Puppen-Theaterstück gibt es, in dem die Situation im Haushalt der heiratsunwilligen Grimms gezeigt wird. Besondere Ausstellungsstücke sind die Erstausgaben der Grimmschen Märchen, die sogenannten „Handexemplare", in denen die Brüder eigenhändige Ergänzungen und Notizen vermerkt haben. Sie gehören seit 2005 zum Weltdokumentenerbe der UNESCO.

Ausflugtipp

Grimmwelt Kassel GmbH
Weinbergstraße 21
34117 Kassel
Tel.: 0561 5986190
www.grimmwelt.de

Öffnungszeiten: täglich außer Montag von 10 bis 18 Uhr, Freitag bis 20 Uhr

KLATSCH UND LEUTE

Richtig ist D, die Frankfurter Paulskirche. Damit bereichert die hessisch geprägte Münze die Serie „Bundesländer", die bis 2021 vervollständigt sein soll. Diese Zwei-Euro-Gedenkmünzen sind aber keine Sammlerstücke, sondern ganz „normale" Umlaufmünzen, mit denen man in allen Teilnehmerstaaten der EU bezahlen kann.

VERGISSMEINNICHT

Antwort B ist hier richtig, die Rettung von Bergleuten. Am 1. Juni 1988 wurden bei einem Unglück in der Grube Stolzenbach 57 Kumpels verschüttet, 51 von ihnen starben – die meisten wegen der giftigen Gase, die sich infolge der Kohlestaub-Explosion gebildet hatten. Sechs Bergleute blieben jedoch unverletzt und harrten mehr als 60 Stunden in einer Luftblase unter der Erde aus. Endlich hörten Helfer, die kaum noch Hoffnung auf Überlebende hatten, Klopfgeräusche aus der Tiefe. Mithilfe eines Richtmikrofons, das von einem Team des Hessischen Rundfunks hinabgelassen wurde, konnte man die Verschütteten orten und schließlich nach Übertage bringen. Ein Wunder, mit dem niemand mehr gerechnet hatte! Die Grube selbst wurde nicht wieder eröffnet, sondern stillgelegt und mit Beton versiegelt.

MUNDART

Antwort C stimmt, eingeschnappt. Und wenn man eingeschnappt ist, dann zieht der gemeine Hesse gerne eine „Bruddsch" – eine Schnute – und broddsd so vor sich hin.

WO BIN ICH?

„WO BIN ICH?" ist das Motto in dieser Runde. Hessische Erstklässler haben wieder einmal aus ihrer Weltsicht eine Stadt beschrieben, die es jetzt zu erraten gilt. Durchlesen, nachdenken und schnell die Lösung finden! Auf geht's ...

- es ist eine richtig große Stadt
- mit einem Park und einem Staatstheater
- mitten in der Stadt steht so ein Ding, das hat zwei goldene Zwiebeln obendrauf
- und Bäume, die so rundherum nach oben wachsen
- das ist die Waldspirale von dem Hundert-Wasser-Mann
- hier beginnt so eine bekannte Straße, die irgendwas mit Bergen zu tun hat
- ich war schon mal im Vivarium, das ist so ein Zoo mit Kängurus
- auf dem Luisenplatz steht ein langer Wicht, der lange Ludwicht
- nein, der heißt „Langer Ludwig"
- hier kann man ganz gut studieren
- und in den Weltraum gucken
- deswegen wird die Stadt auch „Wissenschaftsstadt" genannt
- aber wenn das Schlossgrabenfest ist, dann feiern hier über vierhunderttausend Leute
- der „Datterich" babbelt wie mein Opa
- als meine Tante geheiratet hat, sind wir alle in den Fünffingerturm gegangen
- ich bin mal fast in das Becken vor der Russischen Kirche gefallen
- es gibt hier das Hessische Landesmuseum
- und eine Künstlerkolonie
- die ist auf der Mathildenhöhe

Welche Stadt haben die Kinder beschrieben?

A Kassel	**B Darmstadt**
C Gießen	**D Wiesbaden**

MACHT UND MACHER

Die Hessen haben einige Weltunternehmen hervorgebracht – und oft genügt nur ein Stichwort und man weiß sofort, um welche Firma es sich handelt. In diesem Fall hat alles mit dem Schmelzen von Platin angefangen: Einem Apotheker und Chemiker aus Hanau gelang es im Jahr 1851, das extrem zähe Metall zu verflüssigen, sodass es geschmiedet werden konnte. Dies war die Geburtsstunde der „Ersten Deutschen Platinschmelze", die schon bald Goldschmiedewerkstätten, Schmuckfabriken und zahlreiche Chemie- und Industriebetriebe in aller Welt belieferte.

Welches Weltunternehmen aus Hessen ist auch unter dem Namen „Platinschmelze" bekannt?

A Fresenius **B Degussa**

C Heraeus **D Merck**

KLATSCH UND LEUTE

Manchmal treibt der Aberglaube Blüten, sogar oder vielleicht gerade bei Spitzensportlern. Auch in der Formel 1 gibt es kleine Rituale, die den Rennfahrern zum Erfolg verhelfen sollen. Der mehrmalige Weltmeister Sebastian Vettel zum Beispiel hat immer eine Christophorus-Münze, die ihm seine Oma vermachte, im Schuh. Eine andere Marotte hat der in Wiesbaden geborene Nico Rosberg: Wenn er im Qualifying auf die Pole-Position fährt, dann setzt er am nächsten Tag im Rennen auf einen ganz bestimmten Talisman ...

Auf welchen Glücksbringer vertraut Nico Rosberg nach einem gelungenen Qualifying im Rennen? Auf ...

A die Unterhose vom Vortag **B** ein Abklatsch-Ritual

C Mamas Daumendrücken **D** ungewaschene Haare

VERGISSMEINNICHT

Jetzt geht es weit in die Geschichte unseres Landes Hessen zurück, in die Zeit, als noch Kutschen übers Land fuhren und die Damen lange Röcke trugen. Und in die Zeit, als das ursprüngliche „Hessen" erst gegründet werden musste – in einer durchaus geschichtsträchtigen Stadt.

Wo wurde unser schönes Hessenland gegründet? In ...

A Frankfurt **B** Kassel

C Marburg **D** Darmstadt

MUNDART

Die folgende Mundartfrage kommt aus dem Osthessischen, genauer gesagt: aus den Tiefen der Rhön. Und eines ist klar: Die dortige Mundart ist wie die Landschaft: ... rau, aber herzlich!

Wen oder was bezeichnet man in der Rhön als „Uerfieh"?

A eine Ohrfeige **B** einen Hahn

C einen Ohrenkneifer **D** einen Großvater

WO BIN ICH?

Wer hier auf Antwort B, Darmstadt, getippt hat, liegt richtig. Die Kinder der Wilhelm-Hauff-Schule in Eberstadt, einem Stadtteil von Darmstadt, haben sich nämlich alle Mühe gegeben, ihre Stadt zu beschreiben. Die südhessische Metropole, die den Beginn der Bergstraße markiert, ist mit zwei Hochschulen, einer Technischen Universität und dem Europäischen Raumflugkontrollzentrum (EOSC) die einzige Stadt Hessens, die den Beinamen „Wissenschaftsstadt" tragen darf. Aber auch kunsthistorisch ist Darmstadt wohlbekannt, denn schließlich befindet sich auf der Mathildenhöhe mit den Häusern der Künstlerkolonie und dem Hochzeitsturm – von den Darmstädtern „Fünffingerturm" genannt – das bedeutendste und am besten erhaltene Jugendstilensemble in Deutschland. Die Russische Kirche hat zwar zwei goldene Zwiebeltürme, aber gemeint haben die Kinder in diesem Falle die Türmchen auf der „Waldspirale", dem von Friedrich Hundertwasser erbauten Wohnhaus. Kulturell hat Darmstadt aber noch mehr zu bieten: das Hessische Landesmuseum, das Staatstheater und natürlich die berühmte Lokalposse „Der Datterich" von Ernst Elias Niebergall. Und mit dem Schlossgrabenfest, das jedes Jahr am letzten Maiwochenende rund um das Residenzschloss in der Innenstadt stattfindet, feiert Darmstadt eine der größten kostenlosen Open-Air-Veranstaltungen in Deutschland.

MACHT UND MACHER

C ist die richtige Antwort, Heraeus. Aus der kleinen Einhorn-Apotheke, die Wilhelm Carl Heraeus von seinem Vater übernommen hatte, entwickelte sich ein Unternehmen mit rund 12.500 Mitarbeitern und mehr als 100 Standorten in aller Welt. Der Hanauer Familienkonzern ist heute eines der größten und erfolgreichsten Familienunternehmen in Deutschland und in den Bereichen Edelmetalle, Sensoren, Quarzglas sowie Speziallichtquellen und Medizinprodukten aktiv. Noch immer ist Platin ein wichtiger Werkstoff für Heraeus, denn damit werden Katalysatoren beschichtet und Wirkstoffe für die Krebsbehandlung entwickelt. Im Laufe der Zeit hat das Unternehmen zahlreiche Produkte erfunden und optimiert, so beispielsweise Knochenzemente zur Fixierung von Gelenkprothesen, die während der Operation individuell gemischt werden können.

KLATSCH UND LEUTE

Die Lösung ist A: Auf die Unterhose vom Vortag! Tatsächlich hat der gebürtige Hesse Nico Rosberg gestanden, dass er seine Unterhose als Talisman sieht. Wenn er im Qualifying auf die Pole-Position fährt, dann zieht er genau diese Unterhose am darauffolgenden Tag zum Rennen noch einmal an. Da kann man mit Fug und Recht behaupten: Der Mann wechselt die Reifen öfter als die Unterhose ...

VERGISSMEINNICHT

Richtig ist die Antwort C: in Marburg – und zwar bereits im Jahre 1248. Sophie von Brabant war die Tochter der heiligen Elisabeth und wurde 1224 in Thüringen geboren. Nach dem Tod ihres Vaters kam sie nach Marburg, heiratete den Herzog von Brabant und bekam zwei Kinder. Unmittelbar nach dem Tod ihres Gatten kam es zu Erbstreitigkeiten und sie ließ ihren minderjährigen Sohn Heinrich in Marburg zum Landgrafen ausrufen. Im darauffolgenden hessisch-thüringischen Erbfolgekrieg erstritt sie mit ihren Verbündeten die Unabhängigkeit Hessens. Marburg wurde zur Residenz der Landgrafschaft Hessen ausgebaut, bis Heinrich 1277 seinen Herrschaftssitz nach Kassel verlegte und das Hessische Fürstenhaus begründete. Die streitbare Sophie, die 1275 starb und in Brabant beigesetzt wurde, wird im Volksmund auch gerne als „Stammmutter" Hessens bezeichnet.

MUNDART

Ein „Uerfieh" ist eine Ohrfeige – insofern ist Antwort A richtig. Wobei: Der Großvater wäre natürlich auch eine nette Option gewesen …

STADT LAND FLUSS

Es gibt Zeiten, da kommt es für einen so richtig dicke, und dann ist man vielleicht einfach mal reif für die Insel. Und die ist manchmal viel näher als man denkt, denn auch in Hessen gibt es eine Insel – sogar eine ganz besondere ...

Wo in Hessen liegt die Liebesinsel? Im ...

A Niddastausee **B Edersee**

C Main **D Rhein**

MACHT UND MACHER

Im osthessischen Schlitz ging der Unternehmertraum zweier Studenten in Erfüllung, die 1999, als der Internet-Handel noch in den Kinderschuhen steckte, einen Online-Handel starteten. Mit viel Verständnis für die Wünsche der Kunden und einem breit gefächerten Angebot entwickelte sich aus dem Nebenjob der Brüder Thomas und Andreas Rebmann ein Fulltime-Job. Inzwischen ist ihr Unternehmen Europas führender Online-Händler in einem bestimmten Geschäftsbereich.

Wie heißt das Unternehmen, das es im Bereich Wohnen und Einrichten zum Marktführer gebracht hat?

A Bettenburg **B Lampenwelt**

C Sofareich **D Teppichmuseum**

KLATSCH UND LEUTE

Die EU ist ein Staatenverbund europäischer Mitgliedsstaaten und – gemessen am Bruttoinlandsprodukt – der größte gemeinsame Wirtschaftsraum der Welt. Ein solcher Zusammenschluss funktioniert natürlich nur durch ein überstaatliches Recht, das Europarecht, das wiederum EU-Richtlinien erlässt. Diese legen die europaweit geltenden Anforderungen an Produkte fest. Und genau so eine EU-Richtlinie brachte im November 2014 die Hessen ins Schwitzen als bekannt wurde, dass eine hessische Tradition dank einer europaweiten Bestimmung vielleicht bald nicht mehr erlaubt sein könnte.

Welche hessische Tradition sollte im November 2014 einer EU-Richtlinie zum Opfer fallen?

A **Ahle Worscht**

B **Hessentag**

C **Bethmännchen**

D **Bembel**

VERGISSMEINNICHT

Der Anteil von Frauen in Führungspositionen betrug im Juni 2016 rund 22,5 % – zu wenig, wie das Familienministerium in Berlin findet. Gut, dass sich diese Frage im 18. Jahrhundert noch nicht stellte, denn damals war der Frauenanteil in Chefsesseln gleich null. Eine der ersten Frauen an der Spitze eines Unternehmens gab es natürlich in Hessen und das schon im Jahr 1753.

Wer war 1753 die erste Chefin eines deutschen Unternehmens?

A **Elisabetha Buderus**
B **Wilhelmine Brockhaus**
C **Karla H. Heraeus**
D **Kundigunde v. Metzler**

MUNDART

Die hessische Mundart ist bekannt für ihre einfallsreichen Wortschöpfungen – man denke nur an „Zuggerschneggsche" oder „Lappeduddel". Aber auch die Oma von Isabel Astheimer, die in Bischofsheim im Kreis Groß-Gerau wohnt, hatte früher eine schöne Bezeichnung für ihr Enkelkind ...

„Als ich noch klaa war, hatt mei Omma zu mir gesacht, ich wär e rischdisch Klumpewutzje."

Was war Isabel laut ihrer Oma als Kind? Ein ...

A **Süßmaul**
B **Dreckspatz**
C **dickes Kind**
D **Feinschmecker**

STADT LAND FLUSS

Hier stimmt die Antwort B: im Edersee. Durch den Bau der Edertalsperre und die Flutung des Tales verwandelte sich der Burgberg bei Bringhausen in eine kleine Insel. Auf ihr befinden sich noch die Überreste der Burg Bring, die heute aber von Büschen und Bäumen überwachsen sind. Selbst bei Vollstau ragt die kleine Liebesinsel als einzige Erhebung aus dem Wasser des Sees heraus. Dann kann man sie nur per Boot oder schwimmend erreichen. Wenn der Stausee aber wenig Wasser führt, gelangt man trockenen Fußes auf das kleine Inselchen und auch die Reste der Dorfstelle Bringhausen kommen dann wieder zum Vorschein. Bleibt noch die Frage, woher der Name „Liebesinsel" kommt: Unbestätigten Vermutungen zufolge soll dort das eine oder andere Schäferstündchen stattgefunden haben – oder stattfinden ...

MACHT UND MACHER

Richtig ist Antwort B, Lampenwelt. Lampenwelt GmbH vertreibt Lampen aller wichtigen Hersteller – und das 24 Stunden am Tag, sieben Tage die Woche. Das Unternehmen ist Europas führender Anbieter für Lampen und Leuchten im Internet und besitzt Onlineshops in zehn europäischen Ländern, darunter in Dänemark, England, Norwegen und Polen. Weltweit steht das Schlitzer Unternehmen, das rund 200 Mitarbeiter beschäftigt, sogar auf dem zweiten Platz. Dank ihrer konsequenten Internationalisierungsstrategie konnte die Lampenwelt GmbH im Jahr 2015 einen Gesamtumsatz von 50 Millionen Euro Umsatz erzielen.

KLATSCH UND LEUTE

Die Lösung ist D, der Bembel. Denn die EU forderte im Herbst 2014 in einer neuen Richtlinie bei Gefäßen einen innen liegenden Eichstrich. Daraufhin entwarf die Bundesregierung eine neue Mess- und Eichverordnung, damit diese Richtlinie in deutsches Recht umgesetzt werden konnte. Das hätte beinahe das Aus für den hessischen Bembel bedeutet, denn bei ihm ist dieser Eichstrich nicht sichtbar. Hessen intervenierte gegen die neue Richtlinie – und hatte Erfolg. Schon nach wenigen Tagen gab es Entwarnung, sowohl aus Brüssel als auch aus Berlin. Traditionelle Keramikkrüge wurden von dem neuen Recht ausgenommen. Der Bembel darf also Bembel bleiben! Darauf einen Schoppen!

VERGISSMEINNICHT

Richtig ist A, Elisabetha Buderus. Johann Wilhelm Buderus, Gründer des gleichnamigen Eisenverhüttungsunternehmens, heiratete 1731 Elisabetha Magdalena Nies, eine 24-jährige Pfarrerstochter und Hofdame der Gräfin zu Solms-Lauterbach. Als er 1753 starb, übernahm seine Frau die Geschäfte. Sie führte fortan die sogenannte „Friedrichshüt-

te", die mit etwa 10 Beschäftigten täglich rund eine Tonne Roheisen erbrachte. Mit ihrem starken Willen und hohem Durchsetzungsvermögen leitete sie das Unternehmen erfolgreich auch durch schwierige Zeiten, wie z. B. den Siebenjährigen Krieg. Nebenbei kümmerte sie sich außerdem um ihre sechs eigenen Kinder und schaffte es sogar, die fünf Kinder ihres Mannes aus erster Ehe auszubezahlen. Ihre Sorge galt aber nicht nur der Gegenwart, sondern auch der Zukunft des Familienunternehmens. Gezielt führte sie ihren Sohn Johann Wilhelm Buderus II systematisch in die Geschäfte ein und erstellte sogar einen Bildungsplan für ihn. 1766 übergab sie ihm die Leitung der Friedrichshütte und starb 1788 im Alter von 81 Jahren.

MUNDART

Richtig ist Antwort C, das richtig dicke Kind. „Klumpewutzje" – das hört sich so niedlich an, dass man der Oma den uncharmanten Namen für die kleine Isabel doch glatt verzeiht!

„Als ich noch klein war, hat meine Oma zu mir gesagt, ich wär ein richtig dickes Kind."

hessenquiz 7

STADT LAND FLUSS

Zum Aufwärmen beginnt auch dieses Kapitel mit einer Frage zur Geografie Hessens. Klar im Vorteil ist, wer im Erdkundeunterricht immer gut aufgepasst hat. Denn jetzt geht es darum, sich die Hessenkarte vor Augen zu führen und einen ganz bestimmten Ort auf ihr zu suchen.

Welcher dieser Orte liegt am südlichsten?

A Limburg **B** Fulda

C Gießen **D** Wetzlar

MACHT UND MACHER

Frankfurt – die Bankenmetropole. Was täten die Finanzmärkte nur ohne diese hessische Großstadt? Aber nicht nur die Banken hätten ein Problem ohne Frankfurt, sondern auch der ganz normale Bürger sähe ohne Mainhattan echt alt aus. Denn ohne Frankfurt gäbe es …?

Was gäbe es ohne Frankfurt nur sehr begrenzt?

A Euro-Münzen **B** Internet

C Botox **D** Apfelwein

KLATSCH UND LEUTE

Bad Karlshafen, die Hugenottenstadt im äußersten Norden Hessens, konnte im Juli 2015 im Glück schwelgen. Der Bund bewilligte nämlich 5,5 Millionen Euro, um der Kurstadt an der Weser ein Stück ihres alten Glanzes wiederzugeben.

Was soll in Bad Karlshafen wiederhergestellt werden?

A das Kopfsteinpflaster
B das Turmglockenspiel
C der Stadthafen
D die Hugenottengruft

VERGISSMEINNICHT

Das deutsche Eiskunstlauf-Traumpaar der 1960er-Jahre waren die Frankfurterin Marika Kilius und Hans-Jürgen Bäumler aus Garmisch-Partenkirchen. Zusammen wurden sie zweimal Weltmeister und mehr-

fache Europameister. Was vielen heute nicht mehr bekannt ist: Es hätte fast ein rein hessisches Weltklasseduo gegeben, denn Marikas erster Eislaufpartner Franz Ningel stammte ebenfalls aus Frankfurt. Gemeinsam wurden sie 1955 bis 1957 Deutsche Meister im Paarlauf und errangen auch bei Europa- und Weltmeisterschaften Medaillen. Doch zum Saisonende 1957 trennten sich die beiden.

Warum musste sich Marika Kilius 1957 von ihrem ersten Partner Franz Ningel trennen? Weil er …

A zu klein war.
B ihre Mutter nicht mochte.
C sich schwer verletzt hatte.
D nach Amerika ging.

MUNDART

Die nordhessische Mundart hat nach Schätzungen etwa 35 verschiedene Dialekt-Ausformungen. Deshalb kann es sein, dass die Aussprache oder auch die Bedeutung eines Begriffs von Ort zu Ort unterschiedlich ist. Der folgende Ausdruck stammt aber aus dem Wörterbuch der niederhessischen Mundart und besitzt nur eine hochdeutsche Erklärung.

Was bezeichnet der Nordhesse als „Wanderding"?

A ein Gespenst
B Trekking-Stöcke
C eine Erkältung
D eine Ameise

STADT LAND FLUSS

Richtig ist A: Limburg an der Lahn. Fulda, Gießen und Wetzlar liegen fast exakt auf einer Höhe – Limburg befindet sich dagegen ein wenig südlicher. Mit rund 34.000 Einwohnern ist die Kreisstadt des Landkreises Limburg-Weilburg zugleich auch dessen einwohnerstärkste Stadt. Und sie besitzt den vielleicht am meisten angeschauten Kirchenbau Deutschlands – den Limburger Dom. Denn wer schon einmal auf der A3 Frankfurt – Köln gefahren ist – und das tun viele –, der kennt den Blick von der Lahntalbrücke auf die Kathedrale mit ihren sieben Türmen. Sie liegt an prominenter Stelle auf einem Kalkfelsen oberhalb der Lahn und gilt als eines der prächtigsten Beispiele des spätromanischen Baustils. Kennezeichnend für den Limburger Dom ist seine farbige Außenbemalung in den Farben weiß, rot, ocker, schwarz und ein wenig grün.

MACHT UND MACHER

Die richtige Lösung ist B, das Internet. In Frankfurt befindet sich nämlich der weltweit größte Internetknotenpunkt, DE-CIX, der 1995 gegründet wurde. An ihn sind mehr als 600 Internetdienstanbieter aus über 60 Ländern angebunden und rund 90 % des deutschen Datenverkehrs laufen über ihn. Verteilt ist dieser Knoten auf sieben Rechenzentren im gesamten Frankfurter Stadtgebiet. Da viele Betreiber von Datenzentren die Nähe zum DE-CIX suchen, stehen heute mehr als die Hälfte aller deutschen Rechenzentren im Großraum Frankfurt. Damit ist die hessische Metropole gewissermaßen die Daten-Hauptstadt Deutschlands.

KLATSCH UND LEUTE

Mit der Lösung C, dem Stadthafen, liegt man bei dieser Frage richtig. Der ehemalige Kanal zur Weser soll wieder wie vor 200 Jahren hergestellt werden. Dafür müssen auf der 7000 Quadratmeter großen Hafenfläche Schlamm und Sedimente entfernt werden und der Betonunterbau unter der Brücke verschwinden. Außerdem wird eine sogenannte Unterschleusung stattfinden, damit kleine Jachten und Sportboote wieder mitten im historischen Barockensemble von Bad Karlshafen anlegen können.

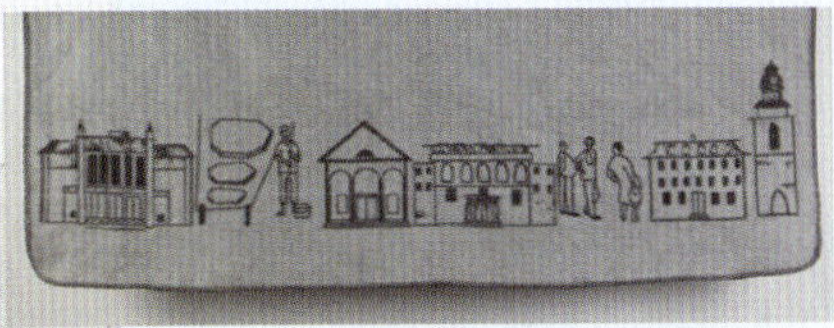

seine Idee deutschlandweit und immer mehr Städte lassen sich ihre persönliche Kolter anfertigen: Koltern mit charakteristischen Motiven gibt es inzwischen auch für Hannover, Kiel, München und Stuttgart. Den Einfall, Wolldecken zu produzieren, hatte Christoph Seipp nur, weil seine damalige Freundin den Ausdruck „Kolter" nicht verstand – klar, sie war ja auch nicht aus Hessen ...

KLATSCH UND LEUTE

Schnell die richtige Antwort: B, Smudo wurde in Offenbach geboren. Dort erblickte er 1968 als Michael Bernd Schmidt das Licht der Welt. Allerdings ging es für ihn schon als kleiner Knirps nach Paderborn. Schon während seiner Schulzeit gründete er seine erste Band, aus der sich dann die „Fantastischen Vier" entwickelten. Mittlerweile ist er Texter und Rapper der Hip-Hop-Band und tritt mit den „Fanta4" regelmäßig in ausverkauften Hallen auf. Doch das reicht ihm nicht: Smudo arbeitet auch als Schauspieler und Synchronsprecher, so z.B. für die Zeichentrickfilme „Madagaskar" und „Angry Birds".

WAS IST WAS?

D, die Ahle Worscht, ist die richtige Antwort – wie könnte es anders sein! Die Kinder der Siegburgschule in Bad Karlshafen haben sich mächtig ins Zeug gelegt und die Herstellung der nordhessischen Spezialität toll beschrieben. Zerkleinertes Schweinefleisch, Speck, Gewürze und ein guter Schuss Rum oder Schnaps werden vermengt und mithilfe einer Maschine in Därme abgefüllt, die – bei Würsten so üblich – hinten und vorne zugebunden werden. Dann werden die Würste im „Wursthimmel" aufgehängt und entwickeln während dieser Trocknung ihren typischen Geschmack. Die „Runde" ist schon nach wenigen Wochen reif, die „Stracke" benötigt dafür ein paar Monate. Natürlich kann es passieren, dass einige Würste außen auf ihrer Pelle ein bisschen Schimmel ansetzen – kein Problem, denn dafür gibt es die „Wurstwaschmaschine", mit der die Würste von ihrem Belag befreit werden. Wenn die Ahle Worscht fertig ist, schmeckt sie nach Meinung der kleinen Experten aus Bad Karlshafen „vernünftig" oder aber auch „echt lecker".

MACHT UND MACHER

Richtig ist A: mykolter.de. Der hessische Ausdruck für eine Wolldecke stand hier Pate für ein wirklich erfolgreiches Geschäftsmodell. Christoph Seipp entwarf nämlich Koltern mit echt hessischen Motiven wie einem Gerippten, dem Bembelmuster oder Sehenswürdigkeiten einer Stadt und begann, sie im Internet zu vertreiben. Inzwischen funktioniert

VERGISSMEINNICHT

Am 3. Oktober 2015 jährte sich zum 25. Mal der „Tag der Deutschen Einheit", der nach der deutschen Wiedervereinigung zum gesetzlichen Feiertag in Deutschland bestimmt wurde. Die unglückselige Teilung Deutschlands ist sicherlich noch allen gegenwärtig, doch die Einzelheiten geraten immer mehr in Vergessenheit. Viele Hessen kennen vielleicht den genauen Grenzverlauf der deutschen Teilung schon nicht mehr und damit auch nicht mehr all die Kuriositäten, die diese Grenze neben allem persönlichen Leid hervorgebracht hat.

Welche hessische Stadt war von 1949 bis 1989 von drei Seiten durch die innerdeutsche Grenze eingeschlossen?

A Eschwege | **B Wanfried**

C Bebra | **D Tann**

MUNDART

Die Mundart ist originell, sie ist ursprünglich und sie beschreibt jeden, aber auch wirklich jeden Bereich des menschlichen Seins …

Was versteht der Südhesse unter dem Begriff „Bumbesje"?

A einen kleinen Hammer | **B ein Fürzchen**

C einen Hügel | **D eine dicke Brille**

MACHT UND MACHER

Das nebenstehende Bild zeigt Christoph Seipp: geboren in Lich, studiert hat er in Friedberg, wohnhaft ist er in Gießen – also ein Hesse durch und durch. Und da er auch noch der hessischen Mundart mächtig ist, kam er 2013 auf die Idee, einen Online-Shop zu gründen – für ein Alltagsprodukt mit einem urhessischen Namen. Über eine sogenannte Crowdfunding-Plattform im Internet fand Christoph Seipp mehr als 100 Menschen, die seine Geschäftsidee unterstützten. Der Erfolg stellte sich schnell ein und inzwischen vertreibt Seipp sein Produkt deutschlandweit.

Unter welchem Namen vertreibt Christoph Seipp ein Stück hessisches Kulturgut im Internet?

A mykolter
B lauderBobbescheesjer
C meikneippche
D schawellscher

KLATSCH UND LEUTE

hessenquiz-Fan Andreas Kaun kommt aus Frankfurt und ist ein echter Hip-Hop-Fan – das kann man zumindest vermuten, hat er sich doch eine Frage zu den „Fantastischen Vier" überlegt. Die 1989 gegründete Band war die erste Rap-Formation, die mit deutschem Sprechgesang – so nennen die „Fanta4" ihre Musik – bundesweit für Schlagzeilen sorgte. In ihren Regalen stapeln sich die Auszeichnungen, vom „Bravo Otto" über die „Goldene Kamera" bis zum „Bambi". Stellt sich jetzt nur noch die Frage: Was hat das mit Hessen zu tun? Die Lösung findet sich bei Bandmitglied Smudo ...

Welche Beziehung hat Smudo von den Fantastischen Vier zu Hessen? Er ...

A ist mit Sonya Kraus liiert.
B wurde in Offenbach geboren.
C ist Ehrenbürger von Hanau.
D hat in Kassel ein Haus.

WAS IST WAS?

Jetzt wird es richtig lecker, denn es geht nun um eine echt hessische Spezialität. Diese wird – mal mehr, mal weniger appetitlich – von eifrigen Grundschülern sehr anschaulich beschrieben. Und die hatten richtig Spaß dabei ...

- wenn man das machen will, braucht man dafür ganz viele Maschinen
- da wird ganz viel Gewürz reingemacht, Pfeffer und Zucker und Salz und so
- und sogar ein bisschen Alkohol
- aber Kinder dürfen das trotzdem essen
- also am Ende schmeckt das nicht süß, sondern ganz vernünftig
- das ist so rot, also Rot mit Braun gemischt
- aber am Anfang ist es so matschig und breiig
- wenn die das in diese Schläuche reinstopfen, dann sieht das genauso aus wie Kaka
- da sind hinten und vorne so zwei kleine Zipfel dran
- und dann werden die aufgehängt, das ist sehr, sehr wichtig
- ja, die hängen manchmal mehrere Jahre im Himmel herum
- ich fand ja toll, dass die das dann in eine Waschmaschine getan haben, damit der Schimmel wieder abgeht
- dafür braucht man Schweinefleisch und Speck
- ich habe gar nicht gewusst, dass da Darm drumherum ist
- ich esse das immer auf dem Brot
- das ist rund und hart
- meine Mama kauft immer eine Stracke
- eigentlich schmeckt das so ähnlich wie Salami
- und die sind echt lecker

Welche hessische Spezialität haben die Kinder beschrieben?

A Frankfurter Würstchen **B Flurgönder**

C Dippehas **D Ahle Worscht**

VERGISSMEINNICHT

So traurig es klingt – aber A ist richtig: Er war zu klein. Franz Ningel war nur 1,58 Meter groß und als Marika ihm schon mit 14 Jahren um acht Zentimeter über den Kopf gewachsen war, musste sie ihren Partner wechseln. Ningel war später mit seiner neuen Partnerin Margret Göbel einer der härtesten Rivalen des Erfolgspaares Kilius/Bäumler.

MUNDART

Wer hier auf A getippt hat, liegt goldrichtig, denn ein „Wanderding" ist im Nordhessischen ein Gespenst. Na klar, Gespenster wandern nun mal des Nächtens durch so manches Schloss oder Haus ...

VERGISSMEINNICHT

Die Auflösung ist D: Tann in der Rhön. Die Stadt im Landkreis Fulda liegt in einem Landzipfel der hessischen Rhön, der gewissermaßen wie ein Pilz in die thüringische Rhön hineinragt. Dadurch war Tann während der deutschen Teilung von drei Seiten – im Norden, Osten und Westen – von der DDR eingeschlossen. Erst mit der Grenzöffnung 1990 rückte Tann wieder vom Rand der Bundesrepublik in die Mitte Deutschlands. Ein kleines Grenzmuseum vermittelt interessierten Besuchern die Geschichte der deutschen Teilung und das Leben im Zonenrandgebiet.

Informationen zum Grenzmuseum in Tann unter:

Tourist-Information Tann
Marktplatz 9
36142 Tann
Tel.: 06682 961111
www.tann-rhön.de

MUNDART

Richtig ist B, ein Fürzchen – vielleicht auch ein Furz. Oder wie der Südhesse sagt: „E Bumbesje – des issn Maachewind, der grad mol zum Ausgang find."

STADT LAND FLUSS

Hessens Landesfläche ist zu über 40 % mit Wald bedeckt – neben Rheinland-Pfalz ist Hessen das waldreichste deutsche Bundesland. Damit haben viele Hessen ihr Fitnesscenter direkt vor der Tür, denn die schönen Wälder laden zu langen Spaziergängen oder sportlichen Aktivitäten ein. Was aber, wenn jemand unglücklich über eine Wurzel fällt, von Wildschweinen angegriffen wird oder wenn ein Waldarbeiter eine Herzattacke bekommt? Für diese Notfälle gibt es in jedem hessischen Wald eine lebenswichtige Maßnahme.

Was kann man in jedem hessischen Wald finden?

A Rettungskette **B Notfalluhr**

C Erste-Hilfe-Ring **D Hochsitzlazarette**

MACHT UND MACHER

Jetzt geht es in die Luft – oder zumindest auf den Frankfurter Flughafen. Er ist der mit Abstand größte Flughafen Deutschlands und verzeichnete im Jahr 2015 fast 470.000 Starts und Landungen. Die meisten der Flugzeuge, die hier abgefertigt werden, haben ein Spitzenprodukt der Firma Sell aus dem hessischen Herborn an Bord, das den Reisenden den Aufenthalt im Flugzeug sehr angenehm gestaltet.

Welches Produkt der Firma Sell aus Herborn ist in den meisten Langstreckenflugzeugen der Welt im Einsatz?

A Bordtoiletten **B Flugzeugküchen**

C Sitzvibratoren **D Luftduschen**

KLATSCH UND LEUTE

Alle zwei Jahre herrscht am zweiten Wochenende im Juli im osthessischen Schlitz Ausnahmezustand. Für vier Tage steht die sonst so beschauliche Kleinstadt Kopf – und das aus einem ganz besonderen Grund.

Welches Ereignis lockt alle zwei Jahre Tausende Besucher nach Schlitz?

A Trachtenfest **B Bärlauchtage**

C Samba-Festival **D Lichterfest**

VERGISSMEINNICHT

Schloss Johannisberg im Rheingau ist ein traditionsreiches Weingut hoch über dem Rhein und einer der Austragungsorte des bekannten „Rheingau-Musik-Festivals". Ursprünglich als Benediktinerkloster gegründet, gelangte die Abtei in den Besitz des Fürstbischofs von Fulda, der sich nach dem Geschmack der Zeit eine großzügige Schlossanlage errichten ließ. Ein wahrhaft geschichtsträchtiger Ort – denn hier wurde im ausgehenden 18. Jahrhundert eine weltbekannte Erfindung gemacht.

Was wurde 1775 auf Schloss Johannisberg im Rheingau erfunden?

A Spätlese | **B Korkenzieher**

C Bratsche | **D Weinfass**

MUNDART

Kleine Brüder sind ja oft sehr kritisch mit den Partnern ihrer großen Geschwister – so ist es auch bei Timo Hohmann aus Fulda-Kämmerzell. Kaum hat ihm seine große Schwester ihren neuen Freund vorgestellt, hat sich der kleine Bruder auch schon eine unmissverständliche Meinung gebildet.

„Mi Schwester, die hot en neue Freund – dos is vielleicht en Zeeblecker!"

Was ist der neue Freund von Timo Hohmanns Schwester? Ein ...

A Angeber | **B Lügner**

C Schönling | **D Macho**

STADT LAND FLUSS

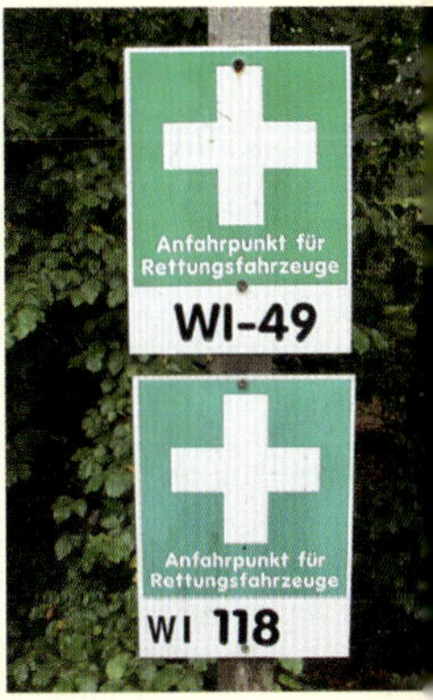

Richtig ist A: Rettungskette. Sie ermöglicht in Notfällen eine schnelle Erstversorgung von im Wald Verunglückten – seien es Waldarbeiter oder Waldbesucher. Teil dieser Rettungskette sind die sogenannten Rettungspunkte: einheitlich grüne Schilder mit einem weißen Kreuz, auf dem die Abkürzung des jeweiligen Landkreises und eine ein- bis vierstellige Nummer steht. Beides muss bei einem Notruf angegeben werden, damit die Rettungskräfte den Ort des Geschehens möglichst schnell ausmachen können. Diese Schilder findet man meist an breiten Wegen oder mit der praktischen App „Hilfe im Wald".

MACHT UND MACHER

Die richtige Lösung ist B: Flugzeugküchen. Der Traditionsbetrieb aus Herborn ist Weltmarktführer beim Bau der sogenannten „Galleys". Im Gegensatz zu normalen Küchen sind sie auf die Zubereitung von Speisen auf engstem Raum konzipiert. Die Sell GmbH, die neben den speziellen Küchen und Öfen auch Kaffeemaschinen, Wasserkocher und Brötchenwärmer für Flugzeuge produziert, beschäftigt rund 1500 Mitarbeiter. Im August 2015 konnte das Herborner Unternehmen ein besonderes Jubiläum feiern: die Auslieferung der 50.000 Flugzeugküche – made in Hessen!

KLATSCH UND LEUTE

Das Trachtenfest mit der Antwort A ist hier die richtige Lösung. Das Schlitzerländer Trachtenfest hat eine lange Tradition: 1922 wurde es zum ersten Mal gefeiert und wird seit 1956 regelmäßig alle zwei Jahre ausgerichtet. Es zählt zu den bedeutendsten Folklorefestivals Europas und zieht Gruppen aus der ganzen Welt an. 2015 waren Teilnehmer aus Chile, Estland, Aserbaidschan, Schottland und von der Karibikinsel Martinique zu Gast in Hessen. Bunte Trachten, historische Kostüme und Musikantenuniformen bevölkern dann die Straßen und Bühnen in Schlitz, ehe das Fest mit einer gigantischen Polonäse durch die Altstadt seinen Abschluss findet.

VERGISSMEINNICHT

Richtig liegt, wer auf A getippt hat: die Spätlese – und das durch Zufall. Wenn früher die Trauben reif waren, brauchte der Kellermeister des Johannisbergs immer eine spezielle Lesegenehmigung vom Fürstbischof von Fulda, der ja der Eigentümer des Weingutes war. Alljährlich wurde ein berittener Bote nach Fulda geschickt, um die Erlaubnis einzuholen. Im Jahr 1775 verspätete sich aber die Rückkehr des Boten und die Mönche auf dem Johannisberg mussten mitansehen, wie ihre

Trauben an den Weinstöcken mehr und mehr faulten und schrumpften. Als die Lesegenehmigung nach 14 langen Tagen des Wartens endlich kam, holten die Mönche gewissenhaft die scheinbar faulen Trauben ein. Umso größer war natürlich die Überraschung, dass genau durch diese „Edelfäule" ein großartiger neuer Wein erfunden wurde.

MUNDART

Richtig ist C – Timo Hohmanns Schwester hat sich seiner Meinung nach einen richtigen Schönling geangelt. Die Mundart trifft es wieder mal auf den Kopf: „Zeeblecker" – das kann ja nur einer sein, der ständig mit einem aufgesetzten Grinsen im Gesicht zeigt, wie toll er sich findet.

„Meine Schwester, die hat einen neuen Freund – Das ist vielleicht ein Schönling!"

hessenquiz 8

STADT LAND FLUSS

Das neue Kapitel startet wie gewohnt mit einer geografischen Frage. Die Landschaft in Hessen besteht aus zahlreichen Mittelgebirgen und eines davon liegt an der Grenze der Landkreise Waldeck-Frankenberg und Marburg-Biedenkopf. Hier findet man einen bewaldeten Berg, der ein beliebtes Erholungsgebiet ist und der den ungewöhnlichen Namen „Sackpfeife" trägt.

Zu welcher Gebirgslandschaft gehört der Berg Sackpfeife? Zum ...

A Kellerwald **B Taunus**

C Westerwald **D Rothaargebirge**

MACHT UND MACHER

Genuss ohne Reue – davon haben die Menschen schon immer geträumt. Deshalb widmet sich die Firma Carl Jung GmbH aus dem Rheingau Genussmitteln, die man ohne Bedenken konsumieren kann. Inzwischen hat das Unternehmen in Deutschland einen geschätzten Marktanteil von 40 % und ist einer der bedeutendsten Produzenten dieser immer mehr geschätzten Spezialität.

Worauf hat sich die Carl Jung GmbH aus Rüdesheim spezialisiert? Auf ...

A Elektrozigaretten **B alkoholfreien Wein**

C entkoffeinierten Kaffee **D kalorienarme Schokolade**

KLATSCH UND LEUTE

Der Commerzbank-Tower in Frankfurt ist seit seiner Eröffnung 1997 das höchste Gebäude Deutschlands. Mit Antenne ist der Bau 300 m hoch, sein Dach befindet sich in fast 260 m Höhe. Und genau an diesem doch sehr ungewöhnlichen Platz findet zeitweise reges Leben statt ...

Welche Tiere wohnen seit 2007 jährlich auf dem Commerzbank Tower?

A Fledermäuse **B Bienen**

C Wanderfalken **D Springmäuse**

VERGISSMEINNICHT

Generationen von Kindern haben die Bücher von Johanna Spyri gelesen oder die Verfilmungen im Fernsehen gesehen: „Heidi" – die Geschichte des kleinen Waisenmädchens aus der Schweiz, das im großstädtischen Frankfurt die Gesellschafterin eines gelähmten Mädchens werden soll. Und genau um Heidis Leben in Frankfurt dreht sich die folgende Frage:

Wie heißt die strenge Hausdame, die Heidi in Frankfurt das Leben schwer macht?

A Frau Rauscher **B Fräulein Rottenmeier**

C Frau Aja **D Fräulein Sesemann**

MUNDART

Im Norden Hessens befindet sich das „Waldecker Land" mit seinen drei Seen Edersee, Diemelsee und Twistesee sowie dem Nationalpark Kellerwald. Landschaftlich eine sehr reizvolle Gegend – und genauso reizvoll ist auch die Mundart, die hier gepflegt wird.

Worum handelt es sich in Waldeck, wenn von „Tittergeise" die Rede ist? Um ...

A sehr alte Menschen

B kichernde Mädchen

C betrunkene Männer

D unmoralische Frauen

STADT LAND FLUSS

Hier stimmt die Antwort D, zum Rothaargebirge. Der 673 Meter hohe Berg liegt inmitten des Rothaargebirges. Die Sackpfeife ist quasi der Hausberg des hessischen Ortes Biedenkopf und ein beliebter Aussichtspunkt über das Schiefergebirge und das Marburger Bergland. Skipiste, Loipen und Rodelbahnen gibt es hier ebenso wie Rundwanderwege und eine Sommerrodelbahn – also insgesamt ein tolles Ausflugsziel das ganze Jahr hindurch.

Ausflugtipp:

Freizeitzentrum Sackpfeife
Tourist-Information
Hainstraße 63
35216 Biedenkopf
Tel.: 06461 7040
Wettertelefon: 06461 3778
www.biedenkopf.de

MACHT UND MACHER

Richtig ist B: auf alkoholfreien Wein. Wein – das liegt ja bei Rüdesheim durchaus nahe, oder? Schon 1908 entwickelte der Gründer Carl Jung eine Methode, Weinen den Alkohol zu entziehen. Heute produziert das Unternehmen in einer der modernsten und leistungsfähigsten Entalkoholisierungsanlagen Europas Wein, der mit weniger als 0,05 Volumenprozent auch für Autofahrer und Antialkoholiker trinkbar ist. Rund sechs Millionen Liter alkoholfreie Weiß-, Rosé- und Rotweine sowie Sekt produziert das Unternehmen jährlich, wobei etwa 60 % hauptsächlich nach Skandinavien und in islamische Länder exportiert werden.

KLATSCH UND LEUTE

Die Antwort C ist richtig: Wanderfalken. In fast 260 Metern Höhe haben die geschützten Greifvögel auf dem 67. Stockwerk des Commerzbank-Hochhauses ihr Nest errichtet und auch 2016 wieder kleine Vogel-Wollknäule in die Welt gesetzt. Bisher sind 17 Jungvögel auf dem höchsten Gebäude Deutschlands flügge geworden. Das Dach bietet für die Aufzucht von Nachwuchs eine Art Luxuslocation, denn Wanderfalken brauchen die extreme Höhe, da sie ihre Beute – überwiegend kleinere Vögel – im Sturzflug in der Luft fangen. Ausgewachsene Wanderfalken haben eine Flügelspannweite von gut einem Meter und zählen zu den schnellsten gefiederten Jägern der Welt.

VERGISSMEINNICHT

Fräulein Rottenmeier, also Antwort B, ist die richtige Lösung. Die kleine Heidi wohnt in Frankfurt im Hause der Familie Sesemann, somit ist Klara Sesemann das gelähmte Mädchen, dem Heidi als Spielkameradin dienen soll. Betreut werden die Mädchen von der sauertöpfischen Jungfer Fräulein Rottenmeier, die der Meinung ist, Heidi müsse streng erzogen werden. Die anderen beiden Damen gehören nicht in die Heidi-Welt: Frau Aja nannte man Goethes Mutter – und die Frau Rauscher, die hat wirklich nichts in einem Kinderbuch zu suchen, die findet man bekanntlich in der Klappergass' ...

MUNDART

B stimmt, es handelt sich um kichernde Mädchen. Je nach Ortschaft auch „Tittergäuse" – oder einfach „Alberne Gaise" genannt. Man stelle sich einmal vor: Wenn das nächste Mal wieder Deutschlands Topmodel gesucht wird, ist der Bildschirm voller Tittergeise ...

WO BIN ICH?

Jetzt wird es wieder ein bisschen geheimnisvoll, denn hessische Grundschüler haben dem hessenquiz-Team erzählt, was sie über ihre Heimatstadt wissen. Da geht es kreuz und quer durch die Geschichte und hin und her in der Stadt – und wenn man gut mitdenkt, erkennt man plötzlich, um welche Stadt es sich handelt.

- es gab mal ein Schloss, aber die haben sich gegenseitig beschossen
- und das wurde dann in sieben Jahren Krieg zerstört
- unten drunter sind noch die Kasematten
- die sind ein kleines bisschen gruselig
- da sind ganz, ganz enge Gänge, in denen haben sich die Soldaten drin versteckt
- in dem Schloss wurde auch ein Prinz geboren
- der Wilhelm hat den niederländischen Kriegern geholfen und dann waren die befreit
- für den wurde hier ein Turm gebaut, der heißt Wilhelmsturm
- der ist das Wahrzeichen von unserer Stadt
- man kann unter der Stadt durchfahren, weil da der Schlossbergtunnel ist
- die Niederländer kennen unsere Stadt, denn hier wurde der Ur-Ur-Ur-Ur-Ur-Opa vom niederländischen König geboren
- ja, der hieß irgendwas mit Orangen oder so
- hier werden auch Pferde gezüchtet
- aber da sind nur die Hengste, die Frauen von denen kommen nur zu Besuch und kriegen dann Fohlen
- das ist das Hessische Landgestüt
- da kann man sich alle zwei Jahre eine Hengstparade angucken
- und der Fluss in unserer Stadt heißt Dill

Welche Stadt haben die Kinder beschrieben?

A Heppenheim
B Büdingen
C Dillenburg
D Frankenberg

MACHT UND MACHER

Viele Speisen und Getränke, die früher einmal als „exotisch" galten, sind heute in Deutschland ganz alltäglich geworden. Man denke nur an Kaffee – einst teures Importgut aus dem Orient, heute das deutsche Heißgetränk schlechthin. Angepflanzt wird der Kaffee aber immer noch in fernen Ländern, und nicht in Deutschland. Aber es gibt auch exotisch anmutende Produkte, die tatsächlich in unserem Land hergestellt werden ...

Welches Luxusprodukt wird in Osthessen von der Fuldaer Firma Desietra hergestellt?

A Kaviar

B weißer Tee

C Wachteleier

D Single Malt Whisky

KLATSCH UND LEUTE

In der Umgangs- und Fachsprache gibt es viele Begriffe, die an regionale Begebenheiten oder Ereignisse angelehnt sind. Ein schönes Beispiel hierfür sind der allseits bekannte „Hamburger", der „Römer" – sowohl als Glas als auch als Gebäude – und natürlich der „Frankfurter Kranz". Aber es gibt noch einen Fachbegriff, für den die Stadt am Main Pate stand.

In welchem Bereich spricht man von der „Frankfurter Horizontalen"?

A im Rotlichtmilieu
B in der Zahnmedizin
C in der Architektur
D in der Luftfahrt

VERGISSMEINNICHT

Hessen liegt ungefähr in der geografischen Mitte Deutschlands. Und als nach dem Zweiten Weltkrieg eine provisorische Hauptstadt für die Bundesrepublik Deutschland gesucht wurde, da dachten sich zwei Städte in Hessen: Bewerben kann ja nicht schaden ...

Welche hessische Stadt bewarb sich 1948 neben Frankfurt darum, Hauptstadt der BRD zu werden?

A Fulda
B Hanau
C Kassel
D Wiesbaden

MUNDART

Die hessische Mundart ist immer wieder für eine Überraschung gut und klingt manchmal sogar richtig international. Zumindest könnte man bei dem Wort „Dalles" erst einmal an Texas denken, oder?

Was bedeutet der südhessische Ausdruck „Dalles"?

A Mülleimer
B Familienstreit
C Geld
D Dorfplatz

WO BIN ICH?

Die richtige Lösung ist natürlich C: Dillenburg. Das Wahrzeichen der Stadt ist der Wilhelmsturm, und der Prinz, von dem die Kinder der Juliane-Stolberg-Schule in Dillenburg erzählt haben, ist Wilhelm von Oranien-Nassau – mit Orangen hat er aber nichts zu tun. Der gebürtige Dillenburger gilt vielmehr als der Stammvater des niederländischen Königshauses, nachdem er das Land von den übermächtigen Habsburgern befreite und in die Unabhängigkeit führte. Das Schloss, in dem Wilhelm das Licht der Welt erblickte, wurde im Siebenjährigen Krieg zerstört – erhalten haben sich nur die Kasematten, die für Kinder ein bisschen gruselig sind. Heute führt unter dem Schlossberg ein Straßentunnel hindurch. Bekannt ist die Stadt an der Dill im Westen Hessens aber auch durch das Hessische Landgestüt, in dem ausschließlich Hengste gehalten werden. Die Stuten – so haben die Dillenburger Grundschüler fachmännisch erklärt – werden zur Zucht den Hengsten von privaten Pferdezüchtern zugeführt. Alle zwei Jahre findet auf dem Gestüt in ungeraden Jahren die „Dillenburger Hengstparade" statt, ein Pferdefest für die ganze Familie mit Dressur-, Spring- und Fahrvorführungen.

Ausflugtipp:

Landgestüt Dillenburg
Wilhelmstraße 24
35683 Dillenburg
Tel.: 02771 89830
www.langestuet-dillenburg.hessen.de

MACHT UND MACHER

Man mag es kaum für möglich halten, aber Kaviar, also Antwort A, stimmt. Echter Kaviar – das sind eigentlich die Eier von Stören, meist aus dem Kaspischen oder Schwarzen Meer. Sein Beiname „Schwarzes Gold" verrät aber: Wild gefangener Kaviar wird immer seltener und teurer. Doch die Hessen haben mal wieder das richtige Näschen gehabt, denn seit dem Jahr 2002 werden in einer Fischzuchtanlage in Fulda sehr erfolgreich Störe gezüchtet und zu Kaviar und Störfleischprodukten verarbeitet. Desietra gilt inzwischen als eines der führenden Unternehmen auf dem internationalen Markt – rund zehn Tonnen der Fuldaer Fischeier werden jährlich vertrieben, 80 % davon gehen ins Ausland.

KLATSCH UND LEUTE

Richtig ist B, in der Zahnmedizin. Die Frankfurter Horizontale – auch Deutsche Horizontale genannt – ist eine gedachte waagrechte Linie von Ohr zu Ohr beim Menschen. Sie orientiert sich am höchsten Punkt des knöchernen Gehörganges und am tiefsten Punkt der Augenhöhle und dient als Einstellungsebene für Röntgenaufnahmen und Computertomografien des Kopfes. Der Name „Frankfurter Horizontale" kommt daher, weil diese Bezugsebene 1882 auf einem Anthropologen-Kongress in Frankfurt definiert wurde.

VERGISSMEINNICHT

Die richtige Lösung ist C, Kassel. Mit der Etablierung des westdeutschen Teilstaates begann auch die Suche nach einer provisorischen Hauptstadt. Berlin kam aufgrund der politischen Situation und seiner „Insellage" dafür nicht infrage und so bewarben sich zunächst Frankfurt am Main und Bonn, wenige Monate später auch Kassel und Stuttgart. Die nordhessische Stadt schied jedoch schnell als möglicher Regierungssitz aus: einerseits wegen starker Kriegszerstörungen, andererseits genau wegen ihrer gefährdeten Lage in Deutschland nahe der innerdeutschen Grenze. Somit blieben die anfänglichen Bewerber Frankfurt und Bonn und in einer geheimen Abstimmung entschieden sich 33 Parlamentarier für Bonn, Frankfurt scheiterte knapp mit 29 Stimmen. Glück für den Hessischen Rundfunk, denn der durfte nun den vom Frankfurter Oberbürgermeister bereits gebauten Plenarsaal an der Bertramswiese für seine Zwecke nutzen.

MUNDART

Antwort D stimmt: Dorfplatz – auf dem man sich gerne trifft, um miteinander zu „babbeln".

STADT LAND FLUSS

Der höchste hessische Berg, die Wasserkuppe, liegt in der Rhön. Das sollte einem echten Hessen nicht neu sein. Allerdings verbirgt sich an manchen Orten in der Rhön auch für den Hessen-Kenner noch so manches Geheimnis. In der Nähe von Poppenhausen zum Beispiel, wo die Berge recht hoch sind, findet man eine gut 100 m lange und etwa 28 m hohe Wand: die Steinwand. Mit ihr hat es etwas ganz Besonderes auf sich.

Welche besondere Eigenschaft besitzen die Felsen in der Nähe von Poppenhausen? Sie ...

A sind extrem fest.

B haben eine heilende Wirkung.

C können einen Ton erzeugen.

D sind brennbar.

MACHT UND MACHER

Es gibt jede Menge verschiedener Agenturen auf dieser Welt – von der Bundesagentur für Arbeit bis zur Topmodel-Agentur. Eine andere, weltweit sogar führende Agentur hat ihren Sitz in der beschaulichen Metropole Kassel. Mehr als zwei Millionen registrierte User haben die 1999

von Uwe Regenbogen gegründete Online-Plattform zum Weltmarktführer gemacht – mit 65 % Marktanteil. Doch um was geht es bei dieser Agentur?

Kassel ist Sitz der weltweit führenden Internet-Agentur für ...?

A Au-pairs

B Schriftsteller

C Theaterschauspieler

D Finanznachrichten

KLATSCH UND LEUTE

Aus Frankfurt am Main stammt einer der begabtesten deutschen Fußballer der 90er-Jahre: Andreas Möller. Er begann seine Karriere – wie könnte es anders sein – bei der Frankfurter Eintracht und spielte später für Dortmund, Schalke und Juventus Turin. Als offensiver Mittelfeldspieler bestritt er 85 Länderspiele und schoss 29 Tore, er wurde 1990 Fußballweltmeister, er war Champions-League- und Weltpokalsieger. Die Liste seiner Erfolge ist lang – aber auch die Liste seiner Spitznamen, denn davon hat er einige ...

Wie lautet einer der Spitznamen des gebürtigen Frankfurters Andreas Möller?

A Heintje

B Motzki

C das Ungeheuer

D der weiße Pele

VERGISSMEINNICHT

Nicht nur Bayern, auch Hessen hat Trachten zu bieten – und zwar besonders viele. Grund dafür sind die vielen kleinen, oft auch religiös aufgesplitterten Herrschaftsgebiete im Gebiet des heutigen Hessens, die eine Entstehung von unterschiedlichen Trachten begünstigten: So gibt es die Schwälmer Tracht, die Marburger evangelische sowie die katholische Tracht, die Hersfelder Tracht und viele mehr. Im Süden Hessens findet man im Gebiet zwischen den Flüssen Rhein, Main und Neckar die Odenwälder Tracht. Und wie es sich für eine ordentliche Tracht gehört, hebt diese sich von anderen ab, wenn auch manchmal nur in Kleinigkeiten. Doch jede dieser Kleinigkeiten hat natürlich einen Grund.

Warum ist das Schultertuch der Odenwälder Tracht nur teilweise bestickt?

A aus modischen Gründen
B wegen Stickgarnmangels
C der Hygiene wegen
D wegen Beerdigungen

MUNDART

Dass Frauen gelegentlich Gelüste haben, ist ja bekannt. Aber welche Art von Lust Anja Schmidt aus Maintal-Hochstadt ihrem Mann offenbart, das sollte einen doch zum Nachdenken bringen ...

„Neulich hun ich zu meim Mann gesaht: Ich hätt mal widder Lust uff en Grobbe Lekkmähe."

Worauf hat Anja Schmidt mal wieder Lust? Auf einen ...

A groben Leberkäse
B Topf Pflaumenmus
C heißen Zungenkuss
D wilden Liebhaber

STADT LAND FLUSS

Richtig ist Antwort C, sie können einen Ton erzeugen. Wenn man beispielsweise mit einem Hammer gegen die Steinwand schlägt, dann kann man einen hellen Klang hören. Die Felsen sind nämlich aus Phonolith, einem grau-grünlichen Gestein vulkanischen Ursprungs, das – wie der Name verrät – beim Anschlagen einen Ton erzeugt. Wem nicht nach Musizieren mit Steinen zumute ist, kann aber auch an der 28 m hohen Felswand bei Poppenhausen prima klettern. Weniger sportlich Begabte sollten allerdings besser den Fußweg um die Steinwand herum wählen, denn die senkrechte Wand mit ihren rund 60 Kletterführern ist auch für geübte Kletterer eine Herausforderung.

Ausflugtipp

Die Steinwand liegt nördlich von Poppenhausen und ist über die A7 bis Fulda und von da Richtung Hilders bis zur Abzweigung Steinwand/Poppenhausen gut zu erreichen. Direkt an der Steinwand befindet sich ein Parkplatz.

MACHT UND MACHER

Eine Agentur für Au-pairs, Antwort A, stimmt. AuPairWorld heißt die Firma, bei der sich Gastfamilien und Au-pairs aus fast 200 Ländern registrieren lassen können. Über zwei Millionen weibliche und auch männliche Au-pairs wurden seit der Gründung 1999 über die Kasseler Agentur vermittelt. Der Schlüssel für diesen Erfolg liegt im sogenannten „Matching": Au-pairs und Gastfamilien geben ihre jeweiligen Eigenschaften und Wünsche ein und werden dann über eine Suchmaschine miteinander in Kontakt gebracht. Auf die Idee für seine Au-Pair-Vermittlung kam Uwe Regenbogen Ende der 1990er-Jahre, als er selbst ein Au-pair suchte, die Auswahl aber dürftig und die Vermittlung teuer war. Da dachte sich der Familienvater aus Gudensberg: Das kann ich besser! Und sein weltweiter Erfolg gibt ihm recht ...

KLATSCH UND LEUTE

Richtig ist hier A, Andreas Möller wurde gerne „Heintje" genannt. Denn trotz all seiner Erfolge hatte Möller immer den Ruf eines eher wehleidigen und weichen Spielers – daher die weniger schmeichelhafte Anspielung auf den Kinder-Gesangsstar vergangener Zeiten. Ein weiterer Spitzname des gebürtigen Frankfurters schlug in dieselbe Kerbe: „Heulsuse", während „Jahrhundertschwalbe" auf einen unberechtigt gegebenen Elfmeter anspielt, den Möller in einem entscheidenden Spiel herausholte.

VERGISSMEINNICHT

Antwort D ist die richtige Wahl: wegen Beerdigungen. Im Odenwald gehörte zur Frauentracht das Schultertuch, das vor allem zu freudigen Anlässen, aber auch zu Beerdigungen getragen wurde. Daher bezeichnete man es in der Umgangssprache auch als das „Freud- und Leid-

tuch". Damit die Odenwälderin es auch wirklich bei allen Gelegenheiten anziehen konnte, hatte sich folgende Tradition herausgebildet: Ein quadratisches Tuch wurde diagonal gefaltet, eine Seite mit bunten Stickereien verziert und bei freudigen Ereignissen nach oben sichtbar getragen. Im Trauerfall wurde der spärlich bestickte oder ganz in Schwarz belassene Teil nach außen gekehrt, sodass die Trauer nach außen hin sichtbar wurde.

MUNDART

Vielleicht hatte sich mancher mehr erwartet, aber Anja hat so richtig Lust auf Antwort B – einen Topf Pflaumenmus. Na ja, so ein selbst gekochter „Lekkmähe" mit Pflaumen von hessischen Streuobstwiesen, stundenlang mit Zucker, viel Geduld und etwas Zimt eingekocht, ist halt auch etwas richtig Feines.

„Neulich habe ich zu meinem Mann gesagt: Ich hätte mal wieder Lust auf einen Topf Pflaumenmus."

hessenquiz 9

STADT LAND FLUSS

Die Fulda entspringt auf 850 m unterhalb der Wasserkuppe und fließt rund 220 Kilometer durch Hessen, bevor sie sich mit der Werra zur Weser vereinigt. Entlang des Flussbettes führt übrigens der Fuldaradweg, der durch interessante Orte und Städte mit historischen Sehenswürdigkeiten und vielfältigen Freizeitmöglichkeiten führt. Der Radwanderweg beginnt an der Fuldaquelle und begleitet den immer größer werdenden Fluss bis zu seinem Zusammenlauf mit der Werra – und noch weiter an der Weser entlang, bis diese Hessen verlässt. Bevor die Fulda aber zur Weser wird, bildet sie eine natürliche Grenze zu einem anderen Bundesland. Dazu die folgende Frage:

Mit welchem Bundesland bildet die Fulda eine natürliche Grenze zu Hessen? Mit ...

A Thüringen **B Nordrhein-Westfalen**

C Bayern **D Niedersachsen**

MACHT UND MACHER

In Hessen gibt es wie in allen Bundesländern eine Reihe von obersten Gerichten. Sie sind auf die größeren Städte unseres Landes verteilt.

Und wenn man nun als hessischer Bürger einen Prozess führen muss, sollte man natürlich wissen, wo die Gerichtssitze sind. Kassel kann beispielsweise gleich mit zwei obersten Gerichten aufwarten, denn neben dem Hessischen Verwaltungsgerichtshof befindet dort noch eines ...

Welches hessische oberste Gericht hat seinen Sitz in Kassel? Das Hessische ...

A Landesarbeitsgericht **B Finanzgericht**

C Landessozialgericht **D Verfassungsgericht**

KLATSCH UND LEUTE

Dass Frankfurt in puncto Trends ganz weit vorn liegt, zeigte sich mal wieder im August 2015. Da „After-Work-Partys" sich schon lange etabliert haben und „Rooftop-Bars" bald an jeder Ecke zu finden sind, wurde es mal wieder Zeit für etwas Neues. Klar, dass Hessen ganz vorn mit dabei ist, denn was New York, London und Berlin können, das können die Frankfurter schon lange!

Welche Trend-Veranstaltung schwappte von New York, London und Berlin 2015 auch ins hessische Frankfurt?

A Naked-Dating **B Pre-Work-Party**

C All-you-can-drink-Party **D Between-Work-Fitness**

VERGISSMEINNICHT

Was haben Otto Höpfner und Heinz Schenk gemeinsam? Richtig: Sie moderierten beide die Kultsendung „Zum Blauen Bock". Otto Höpfner war der Gastgeber der ersten 75 Folgen, dann übernahm Heinz Schenk die beliebte Bembelsendung, die in ganz Deutschland zum Synonym der hessischen Gemütlichkeit wurde. Doch die Rolle des Wirtes war nicht die einzige Gemeinsamkeit der beiden Unterhaltungskünstler.

Welche Gemeinsamkeit hatten Otto Höpfner und Heinz Schenk noch? Sie ...

A liebten Lia Wöhr.
B waren waschechte Heiner.
C tranken keinen Apfelwein.
D waren spielsüchtig.

MUNDART

In der Rubrik Mundart geht es jetzt ins Mittelhessische – und ob das von Vorteil ist, wird sich gleich zeigen.

Was bedeutet der mittelhessische Ausdruck „geierlongs"?

A großen Appetit haben
B habgierig sein
C eine weite Reise machen
D einkaufen gehen

STADT LAND FLUSS

Richtig ist D, mit Niedersachsen. Die Fulda bildet oberhalb Kassels für einige Kilometer eine natürliche Grenze zum Nachbarbundesland Niedersachsen.

Ausflugtipp für Fahrradfahrer

Entlang des Fuldaradweges mit seiner moderaten und leichten Wegeführung von Gersfeld an der Wasserkuppe über Fulda und Melsungen zur Drei-Flüsse-Stadt Hannoversch Münden und von dort entlang der Weser bis nach Bad Karlshafen im Weserbergland.

Informationen unter:
Fuldaradweg.de
Neulandstraße 14
97653 Bischofsheim / Rhön
www.fuldaradweg.de

MACHT UND MACHER

Die Lösung ist B: das Hessische Finanzgericht. Seit 1947 befindet es sich in Kassel und ist für ganz Hessen zuständig. Das Gericht entscheidet unter anderem über Klagen gegen Steuerbescheide der Finanzämter oder gegen Kindergeldbescheide, aber auch in Angelegenheiten des europäischen Marktordnungsrechts. Allerdings ist das Hessische Finanzgericht nicht berechtigt, Strafen oder Bußgelder zu verhängen – das ist Aufgabe der Strafgerichte. Und damit die Frage umfassend beantwortet ist, hier noch die Sitze der anderen Gerichte, die als Antwort dienten: Das Landesarbeitsgericht hat seinen Sitz in Frankfurt, das Hessische Landessozialgericht in Darmstadt und das Hessische Verfassungsgericht, offiziell Staatsgerichtshof des Landes Hessen, sitzt in Wiesbaden.

KLATSCH UND LEUTE

Erstaunlicherweise stimmt B, die Pre-Work-Party, womit das Feiern am Morgen noch vor der Arbeit gemeint ist. Pünktlich um 6.30 Uhr startete die erste Veranstaltung dieser Art in Hessen in einem Café auf der hippen Frankfurter Büromeile im Ostend. Die Partygäste kamen im Business-Look, schließlich ging es anschließend ins Büro zum Arbeiten! Alkohol war natürlich tabu, stattdessen gab es neben den üblichen Kaffeespezialitäten und Frühstücksnacks auch vegane Cupcakes und vegetarische Wursthäppchen. Zur Einstimmung wurde ein frischer Smoothie aus Ingwer, Spinat und Banane angeboten – der sollte die Lebensgeister wecken, bevor eine Runde Yoga für alle auf dem Programm stand. Nach dem gemeinsamen „Sonnengruß" sorgte ein DJ für entspannte Tanzmusik. Die Intention des Ganzen: ein bisschen Networking, aber vor allem innere Kraft tanken und mit positiver Energie in den Tag starten.

VERGISSMEINNICHT

Antwort C stimmt: Sie tranken keinen Apfelwein. Otto Höpfner war ein passionierter Weintrinker und konnte dem hessischen „Stöffche" überhaupt nichts abgewinnen. Und im „Gerippten" von Heinz Schenk, aus dem er immer wieder einen Schluck nahm, befand sich stets Apfelsaft mit Wasser. Dem Absatz von Apfelwein tat dies keinen Abbruch: In den 208 Sendungen, die Heinz Schenk von 1966 an gemeinsam mit Lia Wöhr moderierte, wurden bis Ende 1987 rund 125.000 Liter Apfelwein ausgeschenkt. Übrigens: Ob die beiden Herren auch ein bisschen für ihre „Wirtin" schwärmten, ließ sich nicht mehr in Erfahrung bringen ...

MUNDART

Antwort A stimmt: großen Appetit haben. Wo immer dieser Ausdruck auch herkommt – vielleicht war er das mundartliche Vorbild für das neudeutsche Wort „geiern"?

WAS IST WAS?

Es geht jetzt um eine hessische Persönlichkeit – großartig erklärt von den Kindern der Grundschule Poppenhausen. Bei dieser Frage gilt vor allem eines: einfach mal um die Ecke denken ...

- also: angefangen hat alles in einem Kuhstall
- nein, in Paris – da war der nämlich, um zu lernen, wie man eine Nähmaschine baut
- dann hat er ganz, ganz viele Arbeiter gehabt und die haben ihm beim Bauen geholfen
- und dann war es eine Fabrik
- und die war in dem Kuhstall
- er hatte fünf Jungs
- und die haben zu ihrem Papa gesagt: Komm, lass uns was anderes bauen, Nähmaschinen sind doch langweilig
- da war vorne so ein großes Rad und hinten ein kleines
- und der Lenker sah ein bisschen pupsig aus
- als der Vater das ausprobiert hat, ist er in den Graben gefahren
- aber die Söhne sind dann damit ganz viele Wettrennen gefahren
- ich weiß gar nicht, wie die das mit den Dingern hingekriegt haben
- aber die haben wohl viel Übung gehabt
- als der Papa gestorben ist, haben sie angefangen Autos zu machen
- und das erste Auto von denen sah aus wie eine Kutsche
- später waren die wie Seifenkisten
- der Vater wurde in Rüsselsheim geboren

Welche hessische Persönlichkeit haben die Kinder der Grundschule Poppenhausen beschrieben?

A Konrad Duden **B Adam Opel**

C Philipp Reis **D Justus Liebig**

MACHT UND MACHER

Welch eine Überraschung! Den Preis des Börsenvereins des Deutschen Buchhandels 2015 in Höhe von € 25.000 für das Buch des Jahres erhielt der 1955 in Wiesbaden geborene Frank Witzel. Heute lebt er in Offenbach. Witzel ist Schriftsteller, Illustrator und Musiker, spielt Klavier, Cello und klassische Gitarre. Die Jury des Deutschen Buchpreises belobigte sein Werk als „genialisches Sprachkunstwerk" mit einer „Mischung aus Wahn und Witz". Und wer sich jetzt an den wahnsinnig langen Titel des Buches erinnern kann, ist bei der folgenden Frage klar im Vorteil.

Worum dreht sich das von Frank Witzel verfasste Buch, für das er den Deutschen Buchpreis 2015 erhielt?

A Flüchtlinge **B die RAF**

C seine erste Liebe **D Helmut Kohl**

KLATSCH UND LEUTE

hessenquiz-Fan Jürgen Seng aus Schlitz-Hartershausen hat sich in der politischen Geschichte Hessens umgeschaut und eine interessante Frage gefunden. Allgemein gesprochen geht es um die hessischen Ministerpräsidenten – im Besonderen um einen ganz bestimmten. Als Regierungschef des Landes Hessen führt der Ministerpräsident den Vorsitz der hessischen Landesregierung, er leitet deren Geschäfte und trägt die Verantwortung gegenüber dem hessischen Landtag. Um diesen politischen Aufgaben nachkommen zu können, geht diesem hohen Amt oft eine politische Karriere vorweg – und deshalb die Frage:

Welcher der bisherigen hessischen Ministerpräsidenten war zuvor Oberbürgermeister einer großen Stadt?

A Christian Stock **B Holger Börner**

C Hans Eichel **D Volker Bouffier**

VERGISSMEINNICHT

Es ist doch immer wieder überraschend, was es in Hessen so alles zu entdecken gibt: den Hessischen Rundfunk und das Hessische Staatstheater, den Hessischen Ponyverband und die Hessische Spargelkönigin. Und es gibt das Hessische Kegelspiel. Das dürfte jedem echten Hessen bekannt sein – oder etwa nicht?

Was ist das „Hessische Kegelspiel"?

A Landschaft in Osthessen
B ein Gesellschaftsspiel
C neun Gerippte und ein Bembel
D ein Frankfurter Hochhaus

MUNDART

Dialektbegriffe fallen ja oft etwas drastisch aus. Da machen auch die Mundarten von Taunus und Odenwald keine Ausnahme. Aber keine Sorge: Meist ist es gar nicht so böse gemeint wie es manchmal klingt.

Welche Gruppe wird im Odenwald und Taunus als „Heckeschisser" bezeichnet?

A Kleingärtner
B Grundschüler
C Hunde
D Wanderer

WAS IST WAS?

Die Antwort ist ganz klar B: Adam Opel. Der Gründer der Firma Opel wurde 1837 in Rüsselsheim geboren und verbrachte tatsächlich einige Zeit in Paris, wo er als gelernter Schlosser in zwei Nähmaschinenfabriken arbeitete. Zurück in Rüsselsheim baute sich Adam Opel in einem ehemaligen Kuhstall eine Nähmaschinenmanufaktur auf. Aus seiner Ehe mit der Fabrikantentochter Sophie Marie Scheller entstammten fünf Söhne. Es stimmt, was die Kinder der Grundschule Poppenhausen erzählt haben: Die Söhne waren es, die den Vater für den Fahrradbau begeisterten. 1886 verließ das erste Hochrad die Fabrik – womöglich dasselbe, mit dem Adam Opel beim Ausprobieren in den Graben fuhr. Die Fahrradproduktion war ein voller Erfolg, ebenso erfolgreich waren auch die Radrennen, an denen die Söhne teilnahmen: Mit über 180 ersten Preisen war Fritz Opel der beste Werbeträger für das Familienunternehmen. 1895 verstarb Adam Opel und seine Frau übernahm mit den Söhnen den Betrieb. Die Zeichen der Zeit erkennend begann die Familie Opel mit dem Autobau und konnte 1899 das erste Opel-Automobil vorstellen. Mit 3,5 PS fuhr es 20 Stundenkilometer schnell. Die ersten Autos erinnerten äußerlich noch sehr an eine Kutsche, doch schon bald baute das Rüsselsheimer Unternehmen auch schnittige Rennwagen, die immer wieder Rekorde brachen. Bis zum Ersten Weltkrieg entwickelte sich Opel zum größten deutschen Fahrzeughersteller; seit der Umwandlung in eine Aktiengesellschaft im Jahr 1929 gehört die Adam Opel AG zum US-amerikanischen Automobilkonzern General Motors. In Erinnerung an den Firmengründer wurde im Jahr 2012 zum 150-jährigen Bestehen des Unternehmens ein Kleinwagen auf den Namen „ADAM" getauft.

MACHT UND MACHER

Richtig ist B, um die RAF. Der das ganze Cover umspannende Titel des Buches lautet: „Die Erfindung der Roten Armee Fraktion durch einen manisch-depressiven Teenager im Sommer 1969". Aus der Perspektive eines 13-Jährigen wagt Witzel einen Rückblick auf die alte Bundesrepublik, die 68er, die RAF und den deutschen Herbst.

KLATSCH UND LEUTE

Antwort C stimmt: Hans Eichel. Nach seinem Abitur studierte der gebürtige Kasselaner Germanistik, Geschichte und Politik in Marburg und Berlin. Nach seinem Referendariat war er Studienrat am Wilhelmsgymnasium in Kassel – an eben der Schule, die auch er besucht hatte. Am 6. Oktober 1975 wurde Hans Eichel im Alter von nur 33 Jahren zum Oberbürgermeister von Kassel gewählt. 1981 und 1987 bestätigte man ihn in diesem Amt, bevor er 1991 hessischer Ministerpräsident der ersten rotgrünen Landesregierung wurde. Als sich Eichel bei der Landtagswahl 1999 Roland Koch geschlagen geben musste, schied er aus dem Amt aus – um fünf Tage später anstelle des zurückgetretenen Oskar Lafontaine Bundesfinanzminister zu werden. Dieses Amt hatte er bis 2005 inne.

VERGISSMEINNICHT

Die Lösung auf diese Frage ist A: eine Landschaft in Osthessen. Das „Hessische Kegelspiel" ist eine Anordnung von neun kegelförmigen Vulkanbergen in der hier recht flachen Rhön. Der Sage nach hatten Riesen an dieser Stelle ihre Kegelbahn – daher die neun Kuppen – und der Stoppelsberg sieht aus wie die davor liegende Kugel. Besonders gut lässt sich diese Gegend auf dem Kegelspiel-Radweg erkunden, der die Trasse der ehemaligen Bahnlinie Hünfeld-Wenigentaft nutzt. Entlang der Strecke hat man einen imposanten Panorama-Blick zur Rhön mit Wasserkuppe sowie Milseburg und im weiteren Verlauf natürlich über die Berge des Hessischen Kegelspiels.

Informationen zu den Freizeitmöglichkeiten im Hessischen Kegelspiel unter:

Touristische Arbeitsgemeinschaft Hessisches Kegelspiel e.V.

Am Anger 2
36088 Hünfeld
Tel.: 06652 180195
www.hessischeskegelspiel.de

MUNDART

Richtig ist D: Wanderer. Ja, mein Gott, was sollen die Wanderer denn machen, wenn sie durch das schöne Hessen wandern und sie plötzlich ein Bedürfnis überkommt? Da ist jede Hecke recht …

STADT LAND FLUSS

Die nachfolgende Frage beschäftigt sich mit Geologie – doch das hört sich schwerer an als es ist. Konkret geht es um eine geologische Sensation, die in ganz Deutschland nur einmal aufzufinden ist: eine Kristallhöhle. Sie liegt etwa 50 bis 70 m unter der Erdoberfläche und ist mit 30 m Höhe zudem die höchste Schauhöhle, die man in Deutschland besuchen kann. Natürlich liegt diese außergewöhnliche Höhle auf hessischem Gebiet – aber wo?

Wo kann man Deutschlands einzige Kristallhöhle besichtigen? Bei ...

A Fulda

B Bad Schwalbach

C Weilburg

D Steinau

MACHT UND MACHER

Schon vor etwa 160 Jahren ging es in Beerfurth im Odenwald, einem Ortsteil von Reichelsheim, äußerst produktiv zu, denn 23 kleine Handwerksbetriebe stellten hier etwas her, das besonders in der Weihnachtszeit sehr gefragt war. Inzwischen gibt es nur noch einen einzigen Betrieb, der in Handarbeit dieses Produkt herstellt – begehrt ist es aber mehr denn je. Die Kunden von Annette Krämer und Harald Boos sind nicht nur in ganz Europa, sondern auch in den USA, Asien und Australien zu finden.

Was wird in Beerfurth im Odenwald noch von Hand hergestellt?

A Schaukelpferde **B Schlitten**

C Christbaumkugeln **D Eiskratzer**

KLATSCH UND LEUTE

Frankfurt hat für Einheimische und Touristen viele Attraktionen zu bieten: die Einkaufmeile „Zeil", das Goethehaus, die Commerzbank-Arena und natürlich gemütliche Apfelwein-Wirtschaften. Neben diesen Sehenswürdigkeiten und kulinarischen Genüssen lockt jedes Jahr für eine Nacht eine Besonderheit Besucher in die Bankenmetropole – auch wenn der Geruch fast unerträglich ist.

Welche Besonderheit in Frankfurt suchen viele Besucher trotz starken Gestanks jedes Jahr auf?

A Stinktier im Zoo **B Titanwurz im Palmengarten**

C Handkäs-Nacht **D Abwasser-Kanal am Main**

VERGISSMEINNICHT

Der Schlagerstar Matthias Reim wurde 1957 im nordhessischen Korbach geboren und wuchs in Homberg (Efze) auf – also ein durch und durch hessischer Bub! Zunächst komponierte er für Interpreten wie Bernhard Brink und Jürgen Drews, ehe er selbst auf der Bühne durchstartete: Er verschickte eine Demo-Kassette, die bei dem Moderator

Wim Thoelke landete, der Matthias Reim anschließend in seine Sendung einlud. Der Rest ist Schlager-Geschichte ...

Mit welchem Hit landete der Hesse Matthias Reim 1990 auf Platz 1 der deutschen Musikcharts?

A Und es war Sommer
B Verdammt, ich lieb' dich
C Ein Bett im Kornfeld
D Blau blüht der Enzian

MUNDART

Im beschaulichen Gottsbüren bei Trendelburg wohnt Friedbert Schäfer, der von einer ganz besonderen Vorliebe seiner Frau berichten kann.

„Ick weed nich warümme, aber miene Frouwe is verrückt nach Fickeln."

Wonach ist Friedberts Frau ganz verrückt? Nach ...

A großen Kerzen
B Sex
C Flieder
D kleinen Schweinen

STADT LAND FLUSS

Hier stimmt Lösung C: bei Weilburg. Die Kristallhöhle Kubach ist tatsächlich die einzige Kristallhöhle in Deutschland. Das weitläufige Höhlensystem entstand während der Eiszeit – also vor rund 350 Millionen Jahren – und konnte bisher nur zu einem kleinen Teil freigelegt werden. Entdeckt wurde die Höhle 1974 eher zufällig, denn eigentlich suchte man nach einer prächtigen Tropfsteinhöhle, die im 19. Jahrhundert bekannt gewesen und die in Vergessenheit geraten war. Stattdessen stieß man auf die unbekannte Kristallhöhle, die nach und nach erschlossen wurde und seit 1981 für Besucher zugänglich ist. Unzählige Kristalle und Perlsteintropfen schmücken die Kalksteinhöhle – eine funkelnde Sensation am Nordrand des Taunus. Das ist allemal einen Besuch wert!

Ausflugtipp:

Kristallhöhle Kubach

Auf dem Kalk 1
35781 Weilburg-Kubach
Tel.: 06471 94000
www.kucbacherkristallhöhle.de
Höhlensaison von März bis November

MACHT UND MACHER

Wer sich hier für A, die Schaukelpferde, entschieden hat, liegt richtig. Von den ehemals 23 Betrieben im Odenwald, die Holzspielzeug herstellten, blieb nur die Firma Holzspielwaren A. Krämer in Beerfurth der Fertigung treu – ein Familienbetrieb in der vierten Generation. Die Odenwälder Gäulchen werden aus verschiedenen Hölzern gefertigt, die allesamt aus dem Naturpark Bergstraße-Odenwald stammen: Pappelholz ist der Werkstoff für den handgedrechselten Rumpf, aus

Kiefer werden Kopf und Standbrett hergestellt und für die ausgesägten Beine und dampfgebogenen Kufen benötigt der „Gäulschesmacher" das Holz der Buche. Die Pferde sind im Apfelschimmelmuster mit rotem Sattel und blauer Satteldecke lackiert – wie es die Firmentradition seit 1899 vorgibt. Angeboten werden die Odenwälder Gäulschen in fünf verschiedenen Größen – von 10 cm bis zu einer Sitzhöhe von 55 cm.

KLATSCH UND LEUTE

Richtig ist B, Titanwurz. Sie ist die größte Blume der Welt und blüht jeden Sommer für nur etwa drei Tage in Frankfurts Palmengarten – die Attraktion schlechthin. Besucher können sie kaum übersehen, denn mit bis zu 3 m Höhe überragt sie mit ihrem riesigen Blütenstand locker die Pflanzen um sie herum. Und was noch charakteristischer ist: Sie lässt sich auch nicht überriechen, da sie einen kadaverartigen Geruch verströmt – für den Menschen nicht sehr appetitlich, doch für Aaskäfer buchstäblich das gefundene Fressen. Von dem Gestank angelockt werden sie beim Verlassen nämlich mit den Pollen der Titanwurz bepudert und bestäuben so die Pflanze. Etwa 200 Arten der überwiegend in tropischen Regenwäldern beheimateten Titanwurz sind weltweit bekannt, rund 40 von ihnen werden im Frankfurter Palmengarten kultiviert.

VERGISSMEINNICHT

Die Lösung ist B: Verdammt, ich lieb' dich. Eigentlich hatte Matthias Reim den Song Bernhard Brink angeboten, doch der fand, er passe nicht zu ihm. Er vermittelte jedoch die Demo-Kassette an Wim Thoelke. Reim stellte im April 1990 das Lied in dessen ZDF-Show „Der große Preis" vor, danach trat er in der Hitparade auf – und der Song wurde über Nacht zum Hit. „Verdammt, ich lieb' dich" stand 16 Wochen lang auf Platz 1 der Musikcharts und das dazugehörige Album verkaufte sich über 2,5 Millionen Mal. So ungewöhnlich der Text damals auch erschien – Reim singt davon, wie unsicher er hinsichtlich seiner Liebe zu einer Frau ist – so erfolgreich wurde die erste Single des gebürtigen Korbachers. Sie ist bis heute sein größter Hit geblieben.

MUNDART

Die für alle Nicht-Nordhessen unerwartete Lösung ist D: kleine Schweine. Warum auch nicht? Schließlich sind kleine Ferkel – im Nordhessischen „Fickel" genannt – wirklich sehr putzig und können so manches Frauenherz im Sturm erobern. Männer denken da wahrscheinlich anders und stellen sich die kleinen rosa Schweinchen eher mit einem Apfel im Maul vor ...

„Ich weiß nicht warum, aber meine Frau ist verrückt nach Ferkeln."

hessenquiz 10

STADT LAND FLUSS

Das neue Kapitel beginnt wie gewohnt mit Erdkunde – oder besser gesagt: mit hessischer Landeskunde. Dieses Mal geht es in den Süden Hessens, in den nördlichen Teil der Oberrheinischen Tiefebene, wo sich eine bekannte Flusslandschaft befindet. Die alten Römer mieden dieses Gebiet, weil es sehr sumpfig war, und bauten stattdessen eine Straße in den Norden etwas erhöht an den Rand des Odenwaldes – die sogenannte Bergstraße. Zwischen dieser Region und dem Rhein liegt eine Flusslandschaft, die sich hier von Norden nach Süden entlangzieht.

Wie heißt die Flusslandschaft zwischen Groß-Gerau und Lampertheim?

A Hessische Heide	**B Hessische Toscana**
C Hessenaue	**D Hessisches Ried**

MACHT UND MACHER

Dass Goethe in Wetzlar ein Praktikum absolvierte und Liebeskummer hatte, brachte Wetzlar den Beinamen „Goethestadt" ein. Nicht minder bekannt für die mittelhessische Kreisstadt ist die Bezeichnung „Optikstadt", denn über 70 Unternehmen mit rund 5400 Mitarbeitern in und um Wetzlar beschäftigen sich mit optischen Technologien. Begründet wurde die unternehmerische Tradition von Ernst Leitz I., der 1869 die Optischen Werke Ernst Leitz errichtete. Aus ihnen gingen die beiden heute noch in Wetzlar ansässigen Unternehmen Leica Camera AG und Leica Microsystems GmbH hervor. Während sich Leica

Camera auf die Fertigung von Fotoapparaten und Ferngläsern spezialisiert hat, ist Leica Microsystems in einem anderen Segment einer der weltweit führenden Hersteller.

Mit welchen Produkten ist die Wetzlarer Firma Leica Microsystems einer der weltweit führenden Hersteller?

A Radarmessgeräte **B Mikroskope**

C Kontaktlinsen **D Sonnenkollektoren**

KLATSCH UND LEUTE

Der Apfelwein hat es schon, der Handkäs ebenso: das EU-Gütezeichen. Mit dieser Auszeichnung sollen Produktbezeichnungen gegen Missbrauch und Nachahmung geschützt und die Verbraucher über die wesentlichen Merkmale der Erzeugnisse informiert werden. Denn viele Agrarprodukte und Lebensmittel weisen ganz besondere Eigenschaften in Bezug auf ihren geografischen Ursprung oder auf ihre traditionelle Zusammensetzung oder Herstellungsmethode auf. Im März 2016 hat die EU-Kommission eine weitere hessische Spezialität in ihren Katalog aufgenommen.

Welche hessische Spezialität ist seit März 2016 EU-weit als Marke geschützt?

A Frankfurter Grüne Soße **B Kasseler Ahle Worscht**

C Rippchen mit Sauerkraut **D Odenwälder Spundekäs**

VERGISSMEINNICHT

Christo und Jeanne-Claude – sie starb bereits 2009 – gehörten zu den berühmtesten Künstlern der Gegenwart. Das Ehepaar war bekannt dafür, riesige Dinge zu verhüllen; 1961 bedeckten sie ihr erstes Projekt: einen Stapel Ölfässer im Kölner Hafen. Ihr Glanzstück aus deutscher Sicht aber war sicherlich die eindrucksvolle Verhüllung des Berliner

Reichstagsgebäudes im Jahr 1995. Auch in Hessen hat das Künstlerpaar gewirkt: Bereits 1968 waren sie bei der Documenta in Kassel zu Gast gewesen. Sie schufen ein spektakuläres Kunstwerk, das zum Wahrzeichen der Documenta IV wurde und Christo und Jeanne-Claude weltberühmt machte.

Was haben die Künstler Christo und Jeanne-Claude 1968 bei der Documenta IV in Kassel verhüllt?

A den Herkules **B die Orangerie**

C Kassels Oberbürgermeister **D Luft**

MUNDART

Nun folgt ein kleiner gemeinsamer Ausflug in die osthessische Mundart. Und da diese immer wieder zu wilden Spekulationen einlädt, kommt hier ein kleiner Tipp: Der Begriff hat irgendetwas mit Zeit zu tun ...

Was bedeutet der osthessische Begriff „eenichnächde" auf Hochdeutsch?

A vorgestern **B übermorgen**

C um Mitternacht **D in der Abenddämmerung**

STADT LAND FLUSS

Richtig ist die Lösung D: Das Hessische Ried. Die ehemalige Sumpflandschaft, die immer wieder vom Rhein und der Weschnitz überflutet wurde, konnte erst mit der Regulierung von Flüssen und der Eindeichung ab den 1920er-Jahren für den Ackerbau nutzbar gemacht werden. Da im Hessischen Ried das Klima – wie auch an der Bergstraße – recht mild ist, gedeiht hier der Spargel besonders gut, die Region gehört zu den bekanntesten Spargelanbaugebieten Deutschlands. Die ebene Landschaft lässt sich auf zahlreichen Radwegen erkunden, zum Beispiel vom Rhein bis ins Land der Nibelungen – also von Worms über Lorsch nach Bensheim.

MACHT UND MACHER

Hier stimmt die Antwort B: mit Mikroskopen. Die Firma Leica Microsystems in Wetzlar stellt Mikroskope und wissenschaftliche Instrumente her. Damit führt dieser Unternehmenszweig die Tradition seines Gründers Ernst Leitz weiter, denn angefangen hatten die Optischen Werke ausschließlich mit der Fertigung von Mikroskopen. Erst ab der Wende zum 20. Jahrhundert wurden auch andere optische Geräte wie Ferngläser und Filmkameras hergestellt – und natürlich die weltbekannte Kleinbildkamera entwickelt. Sie war auch Namensgeber des Unternehmens: *Lei*(tzsche) *Ca*(mera). 1998 spaltete sich die Leica-Gruppe in drei unabhängige Unternehmen auf: Leica Camera und Leica Microsystems mit Sitz in Wetzlar sowie Leica Geosystems in der Schweiz.

Nach so viel optischer Geschichte und Präsenz in Wetzlar ist es nicht verwunderlich, dass man in der Innenstadt einem „Optikparcours" folgen kann, der den Interessierten die Welt des Lichts erleben lässt, unter anderem mit einem begehbaren Kaleidoskop, einem Prismenbrunnen und einem verwirrenden Kreuzspiegel.

Ausflugtipp:

Optikparcours in der Wetzlarer Innenstadt – alle Objekte sind kostenlos und rund um die Uhr zugänglich.

KLATSCH UND LEUTE

Richtig ist A, die Frankfurter Grüne Soße. Das Nationalgericht der Frankfurter ist nun EU-weit als Marke geschützt. Damit darf sich „Grie Soß" nur noch die Soße nennen, die aus den sieben Kräutern Borretsch, Kerbel, Kresse, Petersilie, Pimpinelle, Sauerampfer und Schnittlauch besteht. Verwendet werden die frischen Blätter, die Blattstiele sowie die Triebspitzen. Ganz wichtig ist, dass diese Zutaten auch aus Frankfurt oder der unmittelbaren Umgebung stammen müssen. Auch den Gewichtsanteil der einzelnen Kräuter regelt die EU-Kommission mit, denn keine Kräuterart darf mit mehr als 30 % vertreten sein. In eine Sache mischt sich die EU aber nicht ein: in das Rezept. Zum Glück, denn somit ist es jedem nach Gutdünken überlassen, ob er „seine" Grüne Soße mit Mayonnaise, Schmand, Joghurt, Eiern oder Senf macht.

VERGISSMEINNICHT

Kaum zu glauben, aber richtig ist D: Luft. Christo und Jeanne-Claude ließen einen riesigen länglichen Ballon anfertigen, der 85 m in die Höhe reichte. Das Aufstellen war jedoch nicht einfach: Zweimal platzte die

Plastikpelle des Ballons und der Schlauch sackte in sich zusammen. Erst 2500 qm² Trevira-Stoff, zusammengenäht zu einem Schlauch von der Kaufunger Firma Wülfing und Hauck, retteten das Projekt und die „verpackte Luft" richtete sich auf. Fast drei Monate ragte das Kunstwerk in den Himmel über Kassel, dann wurde es wieder abgebaut. Der Versuch, es für 800.000 DM zu verkaufen, scheiterte und so ging das Wahrzeichen der Dokumenta IV in das Kunst-Nirwana ein. Christo und Jeanne-Claude bezeichneten ihr Werk übrigens mit dem Titel „5600 Cubicmeter Package". Von den Kasselern wurde es einfach „Wurst" genannt.

MUNDART

Die Lösung ist ganz einfach A: vorgestern. Wer das wusste, ist jedenfalls nicht von „eenichnächde" und hat erneut eine gefürchtete Mundartfrage richtig beantwortet.

WAS IST WAS?

Weiter geht es mit „WAS IST WAS?" und den immer wieder spannenden Erklärungen von hessischen Grundschülern. Dieses Mal handelt es sich bei dem gesuchten Begriff um eine Sehenswürdigkeit, die weit über Hessen hinaus bekannt ist. Und je schneller die erraten wird, desto stolzer kann man auf sich sein!

- das könnte so acht Meter hoch sein – oder vielleicht auch zehn Meter
- ich glaube, das ist viel höher
- das kann man nämlich schon von Weitem sehen, auch von der anderen Seite
- irgend so ein Kaiser hat da einen Stein hingelegt
- das war der Grundstein
- das wurde gebaut als meine Ur-Ur-Ur-Oma noch lebte
- die Deutschen hatten Krieg mit den Frankreichern und die Deutschen haben den Krieg gewonnen
- und dann haben sie diese Statue aufgestellt
- damit die Franzosen ab jetzt immer wissen: Die waren so stark, mit denen legen wir uns nicht mehr an
- unten am Sockel ist ein Vater mit seiner Tochter zu sehen
- der Vater Rhein und Tochter Mosel
- und oben drauf steht eine Frau, die hat eine Krone in der Hand und so Blätter auf dem Kopf
- und ihre Haare fliegen im Wind
- die hat sich mit so Wallekleidern als Deutschland verkleidet
- ja, und die heißt Germania
- der Kaiser ist auf dem Ding auch zu sehen
- drumherum sind viele Weinberge
- man kann mit der Seilbahn zu dem Denkmal hochfahren

Welche Sehenswürdigkeit haben die Kinder beschrieben?

A Niederwalddenkmal
B Justitiabrunnen
C Keltenfürst vom Glauberg
D Brüder-Grimm-Denkmal

MACHT UND MACHER

Der Naturpark Meißner-Kaufunger Wald in Nordhessen ist mit rund 93.000 ha der drittgrößte Naturpark in Hessen. Vor einigen Jahren kam man dort auf die Idee, eine Nutzpflanze, die bereits seit etwa 6000 v. Chr. in Europa nachgewiesen werden kann, wieder anzubauen und natürlich auch zu nutzen. Und das inzwischen sehr erfolgreich ...

Welche alte Kulturpflanze wird im Naturpark Meißner-Kaufunger Wald großflächig angebaut?

A Tabak **B Orchidee**

C Mohn **D Hanf**

KLATSCH UND LEUTE

„Ein Platz für Tiere" – so hieß die legendäre Fernsehserie des Frankfurter Zoodirektors Bernhard Grzimek, in der er den Zuschauern die Tierwelt erklärte und für den Schutz derselben warb. Was lag also näher, als einen Film über sein aufregendes Leben zwischen dem Zoo und den Steppen Afrikas zu drehen, ihn als Naturschützer, Vater und Lebemann zu zeigen? Natürlich verlangte diese vielschichtige Rolle einen hervorragenden Schauspieler – und den fand man auch ...

Welcher Schauspieler stellt die Figur von Bernhard Grzimek in dem Zweiteiler „Grzimek" dar?

A Wolfram Koch **B Ulrich Tukur**

C Sky Dumont **D Hannes Jaenicke**

VERGISSMEINNICHT

Aus Schneidhain, heute ein Ortsteil von Königstein im Taunus, stammt ein Unternehmer und Erfinder, nämlich Johann Weck. Sein Name ist wahrhaft unsterblich geworden, denn nach ihm wurde etwas benannt, das eigentlich jeder kennt.

Womit machte der aus dem Taunus stammende Johann Weck seinen Namen unsterblich? Durch ...

A den Weckmann

B den Weckdienst

C das Einweckglas

D den Reisewecker

MUNDART

Weiter geht's mit Wäller Platt – der Mundart des Westerwalds. Hier haben offenbar exakte Naturbeobachtungen Eingang in den Dialekt gefunden – anders kann man sich das folgende Wort auch nicht erklären.

Wen oder was versteht man im Westerwald unter „Rimmschwimmdeijer"?

A Schwimmanfänger

B Fische

C Angelhaken

D Enten

WAS IST WAS?

Mit Antwort A liegt man hier richtig, denn es handelt sich um das Niederwalddenkmal. Für die Kinder der Julius-Alberti-Schule aus Rüdesheim war diese Beschreibung abzugeben natürlich ein Kinderspiel, schließlich steht das Niederwalddenkmal oberhalb der Weinberge ihrer Heimatstadt und ist auch von der anderen Rheinseite gut zu sehen. Es erinnert an den Sieg Deutschlands über Frankreich und die Gründung des Deutschen Kaiserreichs 1871. Kaiser Wilhelm I. selbst war zur Grundsteinlegung des 38 m hohen Denkmals anwesend. Unten auf dem Sockel sind Vater Rhein und Tochter Mosel zu sehen, oben auf dem Denkmal steht eine etwa 10 m große Frauenfigur in einem faltenreichen Gewand. Sie trägt eine Eichenlaubkrone auf dem Kopf, hält die Kaiserkrone in der Hand und verkörpert so als „Germania" das Deutsche Reich. Von Rüdesheim aus erreicht man das Niederwalddenkmal entweder zu Fuß oder bequem mit einer Seilbahn.

Ausflugtipp

Das Niederwalddenkmal ist sowohl aus Richtung Koblenz als auch von Wiesbaden aus über die B42 zu erreichen.
Von März bis November ist die Seilbahn zum Niederwald hinauf geöffnet.
In direkter Umgebung des Niederwalddenkmals befinden sich die Adlerwarte, eine Aufzuchtstation für Greifvögel und der Landschaftspark Niederwald mit seinem Aussichtstempel, der einen hervorragenden Blick über den Rheingau bietet.

MACHT UND MACHER

Richtig ist C, Mohn, genauer gesagt Schlafmohn. Die Sorte im Naturpark gehört zu den neuartigen morphinarmen Sorten und wurde von der Bundesopiumstelle genehmigt. Seit 2010 wird im „Mohndorf Gemerode" auf den Feldern der Familie Sippel wieder Mohn angebaut. Während der etwa vierwöchigen Blütezeit können die Besucher zu Fuß oder im Planwagen einen Rundweg durch die 15 Hektar großen Mohnfelder – das entspricht einer Fläche von rund 20 Fußballfeldern – zurücklegen und sich in der Mohntenne stärken. Etwa 20.000 Ausflügler zählt der kleine Ort in der Saison. Doch die Blütenpracht ist nicht nur fürs Auge gedacht, denn der Meißner-Mohn wird das ganze Jahr über an Bäckereien, Konditoren und Privatpersonen aus der Region verkauft, in der hofeigenen Mühle zu kalt gepresstem Mohnöl oder zu Mohnnudeln und Mohnlikör verarbeitet.

Ausflugtipp

Informationen zur Mohnblüte in Gemerode unter:
Naturpark Meißner-Kaufunger Wald
Wolfteroder Straße 4a
37297 Berkatal-Frankershausen
Tel.: 06561 952125

Das Mohntelefon informiert ab Mai über den Blühzeitpunkt:
05602 935617

KLATSCH UND LEUTE

Antwort B stimmt: Ulrich Tukur, der Grzimek beeindruckend spielte. Der Film erzählt ausschnitthaft aus dem Leben des Tierfreundes und Moderators, zeigt aber auch die kaum bekannten Seiten seines Wesens: den Egoisten und Durchsetzer mit einem komplizierten Familienleben, der sich von seiner Frau scheiden ließ und seine verwitwete Schwiegertochter heiratete. Grzimek, der 1987 während einer Zirkusvorstellung in Frankfurt starb, gilt als Vorreiter des internationalen Naturschutzes. Sein Film „Serengeti darf nicht sterben" aus dem Jahr 1959, in dem er sich für den Erhalt des Lebensraums der afrikanische Wildtiere einsetzte, erhielt 1960 den Oscar für die beste Dokumentation.

VERGISSMEINNICHT

Die Lösung ist C: durch das Einweckglas. Der gebürtige Hesse Weck

gründete 1900 zusammen mit seinem Kompagnon Georg van Eyck im südbadischen Öflingen eine Firma, die seinen Namen trug: J. Weck & Co. Die Firma produzierte Gläser, die man für das bereits bekannte Verfahren zum Haltbarmachen von Lebensmitteln in Gläsern benötigte. Mittels eines Dichtgummis, im Glas befindlicher Rillen sowie eines metallenen Verschlussmechanismus' wurde so ein sterilisierendes Einkochen ermöglicht. Johann Wecks Firma boomte und sein Name entwickelte sich zum Synonym für die luftdichte Lagerung von Lebensmitteln in den sogenannten „Einweckgläsern". 1907 wurde der Begriff „einwecken" sogar in den Duden aufgenommen.

MUNDART

Richtig ist Antwort B: Fische. Logisch, die Dinger schwimmen ja auch einfach so rum ... Mit diesem Wissen kann man sich auch denken, was mit „Rimmschwimmdeijer-Ohguckkaste" gemeint ist. Ganz klar: So bezeichnet man im Westerwald ein Aquarium. Warum kurz, wenn's auch lang geht ...

STADT LAND FLUSS

Frankfurt besitzt ca. 60 größere und kleinere Museen und natürlich lohnt es sich, alle einmal zu besichtigen. Im Historischen Museum kann man zum Beispiel eine Reise in Frankfurts Vergangenheit unternehmen, im Städel ist Max Beckmanns „Frankfurter Synagoge" zu bewundern und im Dialogmuseum tappt man buchstäblich im Dunkeln. Allein machen diese Erlebnisse meist jedoch nicht so viel Spaß – wie wäre es also mit einer „Taschenlampenführung für Verliebte und andere Nachtschwärmer"?

In welchem Frankfurter Museum kann man an einer nächtlichen „Taschenlampenführung" teilnehmen? Im ...

A Filmmuseum

B Eintracht Frankfurt Museum

C Frankfurter Rotlichtmuseum

D Senckenberg-Museum

MACHT UND MACHER

Die nachfolgende Frage beschäftigt sich wieder einmal mit einem Weltmarktführer, der bei uns in Hessen seine Deutschlandzentrale hat – nämlich in Bad Soden im Taunus. Hier befindet sich das Unternehmen Sodastream, das seinen Hauptsitz in Israel hat. Das Produkt, das von Sodastream hergestellt wird, ist weltweit bei vielen beliebt und hat etwas mit Wasser zu tun.

Mit welchem Produkt ist Sodastream Weltmarktführer? Mit ...

A Wasserfiltern

B Wassersprudlern

C Wasserenthärtern

D Wasserkochern

KLATSCH UND LEUTE

Auch wenn man über dieses Thema nur sehr ungern spricht, werden wir fast alle irgendwann einmal damit konfrontiert: mit der Organisation einer Beerdigung. Gut, dass es dann Menschen gibt, die sich damit auskennen und einem bei der Gestaltung helfen. Einer von ihnen ist Jörg Grossmann aus Usingen. Nach einem Urlaub in den USA kam er auf die Idee, einen Service der ganz besonderen Art anzubieten: In Zusammenarbeit mit örtlichen Bestattern erfüllt er seit 2011 mit einem sehr speziellen Angebot den Wunsch nach einer individuellen Bestattung.

Welche Bestattungsart bietet Jörg Grossmann aus Usingen seit 2011 deutschlandweit an?

A Weltraumbestattung **B Felsbestattung**

C Motorradbestattung **D Diamantbestattung**

VERGISSMEINNICHT

Landgraf Friedrich II. von Hessen-Kassel, der von 1760 bis 1785 regierte, ist noch heute den Kasselanern gegenwärtig. Er begründete die Akademie der Künste – sozusagen die Vorgängerin der Kunsthochschule Kassel – und er wacht als Statue vor dem Fridericianum, dem von ihm erbauten Museumsgebäude. Das klingt nach einem großen Mäzen, was er auch zweifellos war – zweifelhaft ist aber die Geldquelle, mit der er seine Vorhaben finanzierte: Er verkaufte nämlich seine Untertanen als Soldaten nach Amerika. Und damit nicht genug: Der Landgraf erhob auch noch eine zweckgebundene Sondersteuer, den sogenannten „Salzheller".

Für welchen Zweck kassierte Friedrich II. von Hessen-Kassel von seinen Untertanen den „Salzheller"? Für ...

A Schlösser & Burgen

B Essen & Trinken

C Mätressen & Bastarde

D Feste & Feuerwerke

MUNDART

Das kennt man doch nur zu gut: Wenn man jemanden einige Zeit nicht gesehen hat, kann er sich ganz schön verändert haben. So ist es auch Nina Grimm aus Dieburg ergangen, als sie eine frühere Freundin wiedergetroffen hat.

„Gestern heb ich e alt Freundin von mir gesehe. Ich sag's eich: Des is e ganz scheen alt Bainoos!"

Was sagt Nina über ihre frühere Freundin? Sie ist ...

A hochnäsig geworden.

B ein Luder.

C schlampig geworden.

D eine Saufnase.

STADT LAND FLUSS

Antwort D stimmt: im Senckenberg-Museum. Hier kann man des Nächtens durch die Museumsräume streifen und im Schein der Taschenlampe die bleichen Knochen der Dinosaurier zum Leuchten bringen. Angeboten werden zwei unterschiedliche Führungen: Die „Taschenlampenführung für Verliebte und andere Nachtschwärmer" hält für die Teilnehmer zur Einstimmung ein Glas Sekt bei Kerzenschein bereit, ehe sie die nächtliche Ausstellung erkunden. Klar, dass hierbei auch das Liebesleben im Tierreich eindrucksvoll beleuchtet wird ... Eine weitere Führung richtet sich speziell an Kinder ab 8 Jahren, Jugendliche und auch Erwachsene, denn die müssen ihren Nachwuchs begleiten, sofern er nicht über 16 ist. Eine Stunde etwa dauert der Streifzug durch das Naturmuseum – Voranmeldung und Taschenlampen nicht vergessen!

Ausflugtipp

Senckenberg Forschungsinstitut und Naturmuseum
Senckenberganlage 25
60325 Frankfurt
Tel.: 069 75420
www.senckenberg.de

Das Senckenberg-Museum ist täglich ab 9.00 Uhr geöffnet.

MACHT UND MACHER

Die Lösung ist B, denn die Firma Sodastream produziert Wassersprudler. Wer keine Mineralwasserflaschen in die Wohnung schleppen möchte, kann mit den Sprudlern einfach Trinkwasser mit Kohlensäure versetzen. Neu ist diese Idee keinesfalls, denn schon 1903 wurden die ersten Trinkwassersprudler in Großbritannien hergestellt – allerdings waren sie so teuer, dass sie lange Zeit nur in der Gastronomie und in den Haushalten der Oberschicht Verwendung fanden. Erst ab den 1970er-Jahren eroberten preisgünstigere Modelle den Markt – unangefochtener Marktführer ist heute das israelische Unternehmen Sodastream mit Sitz im hessischen Bad Soden.

KLATSCH UND LEUTE

Wer die Antwort C gewählt hat, hat die richtige Lösung: Motorradbestattungen. Jörg Grossmann war damit der Erste, der diese Art des „Letzten Geleits" in Deutschland anbieten konnte. Während eines Urlaubs in Amerika wurde er Zeuge einer Motorradbestattung, bei der vierhundert Mitglieder eines Harley-Clubs den Sarg mit ihrem verstorbenen Freund in einem Beiwagen zur Beerdigung fuhren. Zurück in Hessen entwickelte Grossmann einen Beiwagen mit Sargfläche – streng konform mit der deutschen Bestattungswagen-Verordnung. Dass er inzwischen deutschlandweit gebucht und sogar aus der Schweiz und Österreich angefragt wird, zeigt, dass Jörg Grossman mit seiner „Biker-Bestattung" voll im Trend liegt.

VERGISSMEINNICHT

Richtig ist C, für Mätressen und Bastarde. Friedrich II. von Hessen-Kassel hatte eine offensichtliche Schwäche für alles Französische – wirklich alles: von der französischen Kultur in Form von Theater und Oper über die zur Schau getragene Üppigkeit bis hin zu französischen

Tänzerinnen und Huren. Unter seiner Regentschaft war das offizielle Kassel eigentlich eine kleine französische Kolonie. Friedrich II. umgab sich gerne mit hübschen Hofdamen, er soll sich für 10.000 Taler Gehalt eine Obermätresse und dazu noch einen ganzen Harem an Liebschaften gehalten haben. Verständlich, dass er für den Unterhalt dieser Damen und ihrer Kinder – man spricht von über 100 – eine kleine Finanzspritze brauchte. Warum die dafür erhobene Steuer aber „Salzheller" hieß, ist nicht überliefert – vielleicht wegen der besonderen Würze, die Friedrichs Leben dadurch bekam ...

MUNDART

Die Lösung lautet bei dieser Frage A: hochnäsig. Zu Ninas Leidwesen ist ihre frühere Freundin ganz schon hochnäsig geworden. Kaum zu glauben, wo die Südhessen doch so ein freundliches Völkchen sind!

„Gestern habe ich eine alte Freundin von mir gesehen. Ich sage euch: Die ist ganz schön hochnäsig!"

hessenquiz 11

STADT LAND FLUSS

Wenn im Sommer die Sonne so richtig vom Himmel brennt, gehört ein Sprung in das kühle Nass zu den beliebtesten Freizeitaktivitäten der Hessen. Über 60 offizielle Badeseen mit etwa 65 Badestellen zählt das Land Hessen, die vom Hessischen Landesamt für Umwelt und Geologie regelmäßig auf ihre Wasserqualität hin untersucht werden. Die meisten hessischen Seen sind von Menschenhand angelegt, wie beispielsweise die ehemalige Braunkohlegrube „Prinz von Hessen" bei Darmstadt oder der Marbach-Stausee, der seine Entstehung schon im Namen verrät. Es gibt aber auch einige natürliche Seen – und um einen solchen dreht sich die nachfolgende Frage.

Welcher See ist Hessens größter natürlicher See? Der ...

A Guckaisee | **B Werratalsee**

C Diemelsee | **D Langener Waldsee**

MACHT UND MACHER

In Erbach hat ein führender Hersteller von Design-Haushalts- und Büroartikeln seinen Sitz, nämlich Koziol. Das Markenzeichen des hessischen Unternehmens sind seine bunten, leicht verrückten Artikel aus

Kunststoff, die einfach ein Hingucker sind. Ob eine Käsereibe in Igelform oder eine Pfeffermühle im Windmühlen-Design – hier macht die Funktionalität Spaß. Doch Koziol stellt noch etwas her, das man auf Anhieb nicht erwartet hätte, und ist damit weltweit sogar unter den Top 3.

Was stellt Koziol neben Design-Haushalts- und Büroartikeln noch her?

A künstliche Hüften **B Haarshampoo**

C Schneekugeln **D Gummibärchen**

KLATSCH UND LEUTE

Der Naturpark Habichtswald erstreckt sich westlich von Kassel und ist vor allem wegen des Bergparks Wilhelmshöhe bekannt, der in ihm liegt. Neben dem Herkules, der Löwenburg und dem Schloss Wilhelmshöhe findet man hier noch zahlreiche weitere Burgen und Schlösser sowie eine Parkanlage der besonderen Art. Sie erstreckt sich rund um den Blauen See, einem stillgelegten Steinbruch. Dort haben mehrere Documenta-Künstler Monumente aufgestellt und so „Kunst des öffentlichen Raums" geschaffen. Doch die Kunstwerke sind nicht nur zum Anschauen da, sie haben auch einen konkreten Nutzen für die Künstler selbst.

Wofür sind die Kunstwerke im Habichtswald bei Kassel gedacht? Als ...

A Altersvorsorge **B kostenloser Lagerplatz**

C Hochseilgarten **D letzte Ruhestätte**

VERGISSMEINNICHT

Echten Fußball-Fans wird die kommende Frage leicht fallen, denn jetzt geht es gedanklich zurück in die ganz große Fußball-Geschichte. Es ist allgemein bekannt, dass Deutschland nicht nur im Jahr 2014 Fußball-Weltmeister wurde, sondern auch schon im Jahr 1990. Und zu diesem Sieg konnte ein berühmter Hesse einen großen Teil beitragen. Und jetzt folgerichtig die Frage:

Welcher hessische Fußballer wurde mit der Nationalmannschaft im Jahr 1990 Weltmeister?

A Jürgen Klinsmann **B Dieter Müller**

C Rudi Völler **D Jermaine Jones**

MUNDART

Es folgt nun eine Mundart-Frage zu einem ... nun ja ... interessanten Begriff, der bestimmt bei vielen die Fantasie beflügelt.

Was bezeichnet man im Hessischen als „Brunskachel"?

A eine Wandfliese **B ein Kindertöpfchen**

C eine Herdplatte **D ein Urinal**

STADT LAND FLUSS

Richtig ist A, der Guckaisee. Der größte natürliche See Hessens entstand vermutlich durch einen Bergrutsch, der den Bachlauf aufstaute. Er liegt im Naturpark Hessische Rhön östlich von Poppenhausen, eingebettet zwischen Pferdskopf und Eubeberg, und ist etwa einen halben Hektar groß. Eigentlich besteht der Guckaisee aus zwei Seen, die durch einen Damm getrennt sind: Im oberen Teil kann man Kanu-, Floß- und Tretbootfahren, der untere Teil wird als Badesee genutzt. Doch allzu viele Besucher trauen sich nicht in den See, denn als natürlicher Bergsee liegt seine Wassertemperatur zwischen 16 und 18 Grad Celsius – was im Sommer jedoch herrlich erfrischend ist! Der Guckaisee ist aber auch ein guter Ausgangspunkt für Wanderungen auf den Pferdskopf oder auf die Wassekuppe.

Ausflugtipp

Naturbadesee Guckaisee
Die offizielle Badesaison ist von Juni bis August, der Eintritt ist frei.

Informationen zum Guckaisee:
Gemeinde Poppenhausen
Tel.: 06658 96000
www.poppenhausen-wasserkuppe.de

MACHT UND MACHER

Antwort C stimmt: Schneekugeln. Und das ist der Verkaufserfolg von Koziol schlechthin – seit über 50 Jahren schon werden sie in Erbach produziert und weltweit verkauft. Um ihre Erfindung rankt sich eine schöne Geschichte: An einem Wintertag blieb Bernhard Koziol mit seinem VW Käfer in einer Schneewehe stecken. Als er beim Rangieren durch das ovale Rückfenster schaute, entdeckte er zwei Rehe, die im herabfallenden Schnee im Wald standen. Und aus diesem traumhaft schönen Bild entstand die erste Koziol-Schneekugel.

KLATSCH UND LEUTE

Die richtige Lösung ist hier Antwort D: als letzte Ruhestätte. Denn alle Künstler haben sich in der sogenannten Nekropole im Habichtswald schon vorab ihr eigenes Grabmal geschaffen. Die Idee zu diesem Friedhof hatte in den 1980er-Jahren der Kunstprofessor Harry Kramer, der in dem Projekt eine neue Form von Kunst in der Öffentlichkeit im Gegensatz zu einem elitären Friedhof oder sogar Museum sah. Einzige

Bedingung ist, dass der Wald des Naturparks nicht gestört werden darf und die Monumente sich selbst überlassen bleiben. Kramer selbst hat auf ein Grabmal in der Nekropole verzichtet und wurde dort anonym bestattet. Seine Künstlerkollegen aber haben sich ihre Grabmäler geschaffen: Fritz Schwegler zum Beispiel gestaltete einen Sarkophag, der Theaterarchitekt Werner Ruhnau hatte gar eine Art kleines viereckiges Amphitheater angelegt. Dort wurde seine Urne im März 2015 mit von ihm festgelegten Schreit- und Tanzritualen bestattet.

Informationen zur Nekropole:
Die Künstler-Nekropole Kassel befindet sich im Habichtswald am Rande des Bergparks Wilhelmshöhe, 34128 Kassel-Harleshausen. Ein rund 1,5 km langer Wanderweg (Wanderzeichen 22) führt um den Blauen See zu den Monumenten.

VERGISSMEINNICHT

Rudi Völler, Lösung C, ist natürlich die richtige Antwort. Der aus Hanau stammende Fußballer wurde im Finale gegen Argentinien im Strafraum gefoult und konnte so einen Elfmeter rausholen, den Andreas Brehme zur 1:0 Führung verwandeln konnte. Das war dann auch der Endstand und somit war dieses Spiel das erste WM-Finale, das ausschließlich durch einen Elfmeter entschieden wurde.

MUNDART

Richtig ist B: ein Kindertöpfchen. Und das kann man sogar ganz offiziell mithilfe des Dudens erklären: Laut dieses Wörterbuchs benutzt man den landschaftlichen Ausdruck „brunzen" für „Pipi machen" und die „Kachel" hat nichts mit einer Fliese zu tun. Sie ist in der süddeutschen Mundart – und dazu gehört ja auch Hessen südlich des Weißwurstäquators – eine Schüssel oder eben ein Topf.

WAS IST WAS?

„WAS IST WAS?" ist nun wieder die Devise – in dieser Runde mit einem echten Großereignis, das in Hessen alljährlich stattfindet. Und wie immer hat sich das hessenquiz-Team Erstklässler gesucht, die sich mit der Sache ganz besonders gut auskennen. An welcher Schule das Team war, wird aber (noch) nicht verraten – das wäre eine viel zu große Hilfe! Wie immer gilt: Je schneller die Antwort, desto größer das Hessen-Wissen!

- zuerst wird getanzt und dann wird gerannt
- am Sonntag sind da immer so Autos, da sind so Leute drauf und die werfen Bonbons
- das fängt nämlich an mit einem Umzug
- als Erstes kommt der Anführer von der Musik und dann kommt die Musik
- da gibt's ganz viele Buden und Karussells und Autoskooter und so
- am Montag kommt immer der Feuermeister
- der redet einen Spruch und dann macht der die Fackel an
- die wird auf so einen Holzstapel geschmissen und dann brennt das Feuer
- da läutet auch eine Glocke, das ist wahrscheinlich die älteste in Deutschland
- wir werfen auch Kastanien ins Feuer
- damit man sich was wünschen kann
- und weil das immer so schön knallt
- das haben schon meine Mama und mein Papa gemacht
- Attacke – enner, zwoon, drai – Bruder Lolls!
- das ist der, der Bad Hersfeld erfunden hat
- da hat der so eine hohe Mütze und da ist so ein Kreuz drauf

Welches Großereignis in Hessen haben die Kinder beschrieben?

A Zissel | **B Dippemess**

C Fölsch Foaset | **D Lullusfest**

MACHT UND MACHER

Zu einem Spitzenpolitiker gehört natürlich auch ein Dienstwagen. Ist ja auch verständlich, denn für Aktenstudium und vertrauliche Telefongespräche ist der Überlandbus nicht das ideale Verkehrsmittel. Aber welches Kennzeichen haben eigentlich die Dienstautos der hessischen Landesoberen? WI für Wiesbaden ist es jedenfalls nicht ...

Welches Kfz-Kennzeichen tragen die Dienstwagen von Landesregierung und Landtag in Hessen?

A H | **B HE**

C HEL | **D HES**

KLATSCH UND LEUTE

Ulrike Folkerts ist die dienstälteste Kommissarin der über 40 Ermittler, die sonntagabends im Tatort auf Verbrecherjagd gehen. Seit 1989 ermittelt sie als Lena Odenthal in Ludwigshafen. Dabei kommt sie doch aus Hessen ...

In welcher hessischen Stadt wurde die dienstälteste Tatort-Kommissarin Ulrike Folkerts geboren? In ...

A Kassel | **B Fulda**

C Gießen | **D Wiesbaden**

VERGISSMEINNICHT

Einer der Pioniere der modernen Telefonie war ja ein echter Hesse, Philipp Reis. Der Bäckerssohn wurde in Gelnhausen geboren und inter-

essierte sich schon früh für alles, was mit Naturwissenschaften zu tun hatte. Obwohl er eine kaufmännische Ausbildung absolviert hatte, gelang es ihm, eine Anstellung als Mathematik- und Physiklehrer in Friedrichsdorf zu bekommen. Dort entwickelte er auch das erste funktionsfähige Gerät, das Töne über elektrische Leitungen übertragen konnte. Im Oktober 1861 führte er seine Erfindung vor – und bei dieser Telefonübertragung soll ein Satz über ein Pferd gefallen sein.

Was wurde per Telefonübertragung über das Pferd gesagt? „Das Pferd …

A gehört meiner Tochter."

B frisst keinen Gurkensalat."

C ist ein Schimmel."

D steht auf dem Flur."

MUNDART

Und jetzt zum Abschluss der Runde ein Mundart-Ausdruck aus dem Mittelhessischen, der an dieser Stelle noch einmal alles abverlangt.

Ein „Aacheschnaetzer" ist in Mittelhessen einer, der …?

A Streiche ausheckt

B Frauen nachschaut

C Holz schnitzt

D eine Brille trägt

WAS IST WAS?

Ganz klar, Antwort D, hier wurde das Lullusfest beschrieben. Die Experten für dieses Fest, das wohl älteste Volksfest Deutschlands, waren Erstklässler der Wilhelm-Neuhaus-Schule in Bad Hersfeld. Und die kennen sich wirklich aus! Denn bevor das Fest zu Ehren des heiligen Lullus, des Gründers von Bad Hersfeld, beginnt, gibt es zunächst einen festlichen Ball und den sogenannten „Lollslauf". Sonntags folgt dann ein traditioneller Umzug mit Musikkapellen durch die Innenstadt und am Montag entzündet der Feuermeister das Lullusfeuer – erst dann ist das Fest eröffnet. Dabei erschallt immer wieder der überlieferte Ruf zu Lullus' Ehren – hier ins Hochdeutsche übersetzt: „Attacke – eins, zwei, drei – Bruder Lullus!" Das Feuer auf dem Festplatz lädt an einem kalten Oktoberabend – denn das Fest findet immer Mitte Oktober statt – zum Wärmen ein, doch die Kinder haben anderes damit im Sinn: Nach einem alten Brauch werfen sie Kastanien ins Feuer und freuen sich, wenn diese in der Glut zerplatzen.

Lullus war übrigens ein Schüler des heiligen Bonifatius und Bischof – daher die hohe Mütze mit dem Kreuz darauf, die von den Kindern erwähnt wurde. Er starb im Jahr 786 und keine hundert Jahre später, bereits 852, wurde das Fest zu seinen Ehren das erste Mal gefeiert. Nach ihm wurde aber nicht nur das Fest, sondern auch eine Glocke benannt, die in der Stiftsruine in Bad Hersfeld hängt. Sie gilt als die älteste datierbare Glocke in Deutschland und wurde laut der Inschrift im Jahr 1038 gegossen.

MACHT UND MACHER

Richtig ist Antwort C: HEL. Jedes Bundesland hat sein eigenes Kürzel, das für Dienstfahrzeuge auf Länderebene genutzt wird. In Hessen steht HEL natürlich für *HE*ssischer *L*andtag bzw. *HE*ssische *L*andesregierung. Danach folgt dann eine Ziffer, die das jeweilige Ministerium angibt: So gehört die 1 beispielsweise dem Landtag, die 3 der Staatskanzlei und die 7 dem Verkehrsministerium. Was die anderen Antwortmöglichkeiten betrifft – hier die Erklärung: H ist das Kennzeichen Hannover, HE für Helmstedt und HES war eine glatte Erfindung.

KLATSCH UND LEUTE

A ist die Lösung: Kassel. Ulrike Folkerts wurde 1961 in Kassel geboren und machte dort auch ihr Abitur, ehe sie sich an der Hochschule für Musik und Theater in Hannover zur Schauspielerin ausbilden ließ. Nur drei Jahre nach ihrem Abschluss debütierte sie in der Rolle der toughen „Lena Odenthal" im Ludwigshafener Tatort. Im Frühjahr 2016 löste sie in der Folge „Du gehörst mir" ihren 64. Fall. Damit ermittelt die selbstbewusste Kriminalkommissarin mit hessischen Wurzeln nun schon länger als alle männlichen Kollegen, die derzeit auf Verbrecherjagd gehen. Eine echt hessische „Miss Marple", wenn das so weitergeht ...

VERGISSMEINNICHT

Hier stimmt Antwort B: „Das Pferd frisst keinen Gurkensalat." Man erzählt sich, dass Philipp Reis bei der ersten Vorführung seines Telefons ganz bewusst eine sinnfreie Aussage gewählt habe – aus einem ganz einfachen Grund: Diesen Satz konnte ganz sicher niemand zufällig erraten.

Ausflugtipp

Im Philipp-Reis-Haus in Friedrichsdorf – dem ehemaligen Wohnhaus des Telefonerfinders – kann man eine abwechslungsreiche Ausstellung über das Leben und Schaffen Philipp Reis' sowie die Entwicklung des Fernsprechers von seinen Anfängen bis heute besuchen.

Philipp-Reis-Haus und Hugenottenmuseum
Hugenottenstraße 93
61381 Friedrichsdorf
Tel. (Museumsbetreuung): 06172 731 3100

MUNDART

Richtig ist B: der Frauen nachschaut – oder anders ausgedrückt: der hemmungslos flirtet. Wie sagt man so schön: Appetit kann man sich außer Haus holen, aber gegessen wird daheim!

STADT LAND FLUSS

Willingen im Upland ist das Epizentrum des hessischen Wintersports. Der Weltcuport bietet fast alpine Zustände mit Abfahrten bis zu zwei Kilometer Länge, und wenn es einmal nicht schneien sollte, stehen über 100 Schneekanonen bereit. Skilangläufer können in zahlreichen gespurten Loipen den „Winterpark Willingen" erkunden, aber auch Wanderer kommen auf ihre Kosten: Etwa 30 km präparierte Winterwanderwege führen durch das hessische Upland. Das Ski-Eldorado in Nordhessen gehört zur Wintersportarena Sauerland, dem größten Ticketverbund jenseits der Alpen. Dennoch darf man sich auch in Willingen nicht auf seinen Lorbeeren ausruhen, sondern muss den Gästen immer wieder Neues bieten und in den Tourismus investieren. Das Ergebnis konnte Anfang 2014 erstmals voll genutzt werden.

Was gibt es seit 2014 im Wintersportort Willingen? Eine neue …

A Sesselbahn | **B Eissporthalle**

C Klinik für Sportverletzungen | **D Skisprunganlage**

MACHT UND MACHER

Im Werra-Meißner-Kreis, genauer gesagt im Ortsteil Frieda der Gemeinde Meinhard, produziert die Firma Friedola alle möglichen nützlichen Dinge aus Kunststoff. Gegründet wurde die Firma bereits 1888 von den drei Brüdern Johann Gustav, Eduard und Heinrich Holzapfel, die viele Jahre erfolgreich Wachstücher produzierten. Inzwischen ist jedoch das Unternehmen mit anderen Produkten Marktführer. Ein Produkt von Friedola ist besonders bekannt – vor allem bei Eltern …

Was vertreibt die Firma Friedola in Meinhard als Marktführer unter dem Namen „Bema Original"?

A Nuckelflaschen **B Nachttöpfchen**

C Windelhöschen **D Schwimmflügel**

KLATSCH UND LEUTE

Hinter der folgenden Frage steht eine fast unglaubliche Story. Es geht um Ralf Mackel aus Freiensteinau im Osten unseres Landes. Geboren wurde er 1965 in Bad Homburg vor der Höhe und er ist seit seiner Geburt blind. Obwohl er nur hell und dunkel unterscheiden kann, machte er eine Ausbildung zum Datenverarbeitungskaufmann. Verblüffend ist allerdings die Tätigkeit, die Ralf Mackel zusätzlich ausübt, denn das würde man einem blinden Menschen auf Anhieb wohl nicht zutrauen.

Ralf Mackel aus dem osthessischen Freiensteinau ist der weltweit einzige blinde …?

A Rennfahrer **B Karikaturist**

C Filmregisseur **D Zauberkünstler**

VERGISSMEINNICHT

Wer kennt ihn nicht – den Frankfurter Römer! Seine Treppengiebelfassade ist weltbekannt und eines der Wahrzeichen der Stadt Frankfurt. Seit dem 15. Jahrhundert wird im Römer regiert, hier feierten die Kaiser des Heiligen Römischen Reiches Deutscher Nation ihre Krönungen und deutsche Fußballweltmeister und -weltmeisterinnen winkten von seinem Balkon. Bei so viel deutschem Patriotismus stellt sich doch die

Frage, warum dieses Gebäude mitten in Frankfurt mit der italienischen Hauptstadt in Verbindung gebracht wird. Historiker haben da eine sehr wahrscheinliche Erklärung gefunden ...

Warum heißt der Römer „Römer"?
Weil man hier ...

A Römergläser fertigte.

B italienische Kaufleute traf.

C Italiens Botschafter fand.

D ein römisches Bad besuchte.

MUNDART

Die osthessische Mundart mag manchmal etwas derb klingen – dabei beschreibt sie die Dinge doch nur sehr anschaulich. So ist es auch bei dem Wort, das Helmut Müller aus Gersfeld in der Rhön dem hessenquiz-Team vorgestellt hat.

„De August hat noch so e oll schö Schissschössel."

Was besitzt der Freund von Helmut?

A einen Nachttopf

B einen Kinderwagen

C einen Brotschieber

D eine Hollywoodschaukel

STADT LAND FLUSS

Antwort A stimmt: eine neue Sesselbahn – und diese wird ausschließlich im Winter betrieben. Die 3,5 Millionen teure Anlage liegt am Ritzhagen, ist 630 Meter lang und überwindet einen Höhenunterschied von 120 Metern. Aber das Wichtigste ist, dass sich die Wartezeit für die Skisportler deutlich verkürzt hat, denn mit der neuen Sesselbahn können über 2000 Menschen pro Stunde befördert werden. Der alte Schlepplift hingegen wurde umgebaut und befördert nur noch im Sommerbetrieb die Gäste hinauf zum Start der Sommerrodelbahn.

Informationen zum Skigebiet Willingen unter:

Skigebiet Willingen
Zur Hoppecke 5
34508 Willingen
Tel.: 05632 969820
www.skigebiet-willingen.de

MACHT UND MACHER

Richtig ist D: Schwimmflügel. Die Schwimmflügel mit der Aufschrift „Bema" hat bestimmt jeder schon mal gesehen, der im Schwimmbad war oder sich in einem See abkühlte. Dass die Schwimmflügelchen nicht „Frieda" heißen, hat übrigens seinen Sinn: Erfunden wurden sie nämlich 1956 von Bernhard Markwitz, einem Hamburger Kaufmann, nachdem seine kleine Tochter beinahe im heimischen Goldfischteich ertrunken wäre. Seit 2000 gehört Bema zur Friedola-Gruppe, die ihren Firmensitz im Werra-Meißner-Kreis hat. Friedola produziert neben Plastik-Tischdecken und Bodenbelägen auch alles, was man aufblasen kann und was mit Wasser zu tun hat, von Tierfiguren bis zur Badeinsel.

KLATSCH UND LEUTE

Richtig ist Antwort A: Rennfahrer. Mackel ist mit Rennmotorrädern, Rennwagen und Quads unterwegs. Die Strecken – hier vor allem den Fahrbahnbelag und die Fliehkräfte – prägt sich er sich zunächst auf dem Beifahrersitz ein, bevor er auf den Fahrersitz wechselt. Zwischen 10 Tagen und drei Monaten dauert es, bis er einen Kurs so gut kennt,

dass er am Ende nur noch den Widerhall der Tribünen, Mauern und Reifenstapel zur Orientierung braucht. Auf der Strecke trägt er einen Spezialhelm, der die Windgeräusche unterdrückt und die Umgebungsgeräusche direkt an sein Ohr leitet. Dann hat er alle Ohren voll zu tun, denn sobald er hört, dass sich die Umgebung akustisch verändert, korrigiert er seine Fahrt. Gegen andere Fahrer tritt Mackel aber nicht an, er ist aber beispielsweise schon im Rahmenprogramm deutscher Motorsport-Meisterschaften gefahren.

VERGISSMEINNICHT

Die Lösung ist B: Weil man hier italienische Kaufleute traf. Während der Frankfurter Messen, die im Mittelalter auf dem heutigen Römerberg abgehalten wurden, logierten italienische Kaufleute im oberen Stockwerk und boten im Erdgeschoss ihre Waren an. Die Kenntnisse des normalen Bürgers über Italien waren der Zeit entsprechend gering, und so reduzierte man damals Italien auf „Rom" – das war bekannt, denn dort regierte der Papst. Deshalb wurden die Kaufleute aus dem Süden der Einfachheit halber „Römer" genannt – und dieser Name übertrug sich schließlich auf Haus und Besitzer. Diese These wird übrigens gestützt durch die Tatsache, dass das linke Haus neben dem „Römer" früher auf frankfurterisch „Laderam" hieß – und hinter diesem Namen verbirgt sich eindeutig der Palast der Papstes in Rom: der Lateran.

MUNDART

Wer auf C getippt hat, kann sich freuen, denn der „Brotschieber" ist richtig. Dabei hat der Wortteil „Schiss" nichts mit irgendwelchen Hinterlassenschaften zweifelhafter Natur zu tun, sondern kommt von „schießen" – man schoss das Brot auf einem Brett in den heißen Ofen.

„Der August hat noch so einen alten schönen Brotschieber."

hessenquiz 12

STADT LAND FLUSS

In dieser Runde geht es zunächst hinein in den schönen Spessart. Die Region darf sich mit der Auszeichnung schmücken, das waldreichste deutsche Mittelgebirge zu sein, denn in ihm befindet sich das größte zusammenhängende Gebiet aus Laubmischwäldern in ganz Deutschland. Kein Wunder, dass sich hier auch der Specht mit seinem Faible für Laubbäume sehr heimisch fühlt – und daher kommt der Name „Spessart“ von alters her: Spechtswald. Die Frage aber ist:

In welchem angrenzenden Bundesland von Hessen liegt ein Teil des Spessarts? In …

A Bayern **B Rheinland-Pfalz**

C Thüringen **D Niedersachsen**

MACHT UND MACHER

Wer in den Rheingau fährt, der kommt nicht drum herum, einen Abstecher ins Kloster Eberbach zu machen. Malerisch im Wald gelegen mit Blick auf den Rhein versetzt es den Besucher in eine andere Zeit. Die Anlage mit ihren romanischen und frühgotischen Bauten ist eines der großartigsten Denkmäler der Klosterbaukunst des europäischen

Mittelalters. Neben der imposanten Basilika und den Klostergebäuden beeindrucken auch die großen Außenanlagen mit dem alten Abteigarten und einer Orangerie.

Mit welcher Besonderheit darf sich das Kloster Eberbach brüsten? Es ist Deutschlands ...

A größtes Weingut. **B ältestes Kloster.**

C beliebtestes Ausflugsziel. **D teuerstes Hotel.**

KLATSCH UND LEUTE

Wie wäre es einmal mit einer Städtereise in die nordhessische Metropole Kassel? Tipps für das Sightseeing rund um die Stadt gibt es in diesem Buch genug, was aber noch fehlt ist ein Übernachtungsvorschlag. Gut, dass da Elfie Eckart und ihr Mann Pitze mit dem Foto-Motel einen kultigen Ort zum Übernachten geschaffen haben. Documenta-Gäste steigen hier gern ab, weil kein Zimmer dem anderen gleicht, jedes ist individuell, kunstvoll und manchmal auch ein bisschen kitschig gestaltet. Genauso außergewöhnlich wie sein Innenleben ist aber auch die Lage des Foto-Motels.

Wo liegt das kultige Foto-Motel in Kassel?

A auf einer Verkehrsinsel
B am Straßenstrich
C im Luftschutzbunker
D im Polizeirevier

VERGISSMEINNICHT

Im Jahr 1987 veröffentlichte die in Hessen lebende Gudrun Pausewang den Jugendroman „Die Wolke". Der Inhalt: Das fiktive Schicksal der 14-jährigen Janna-Berta, die durch einen Reaktorunfall zum Strahlenopfer wird. Realistisch und ohne Beschönigungen stellt Gudrun Pausewang darin dar, wie es hätte sein können, wenn sich ein solcher Super-Gau im damaligen Westdeutschland ereignet hätte. Das Buch zählt heute zur gängigen Lektüre an deutschen Schulen, es wurde erfolgreich verfilmt – und es spielt in einer hessischen Stadt.

In welcher hessischen Stadt ist Janna-Berta aus dem Jugendroman „Die Wolke" zu Hause? In …

A Biblis
B Schlitz
C Borken
D Herborn

MUNDART

Zum Schluss der Runde noch ein Mundartbegriff aus dem Mittelhessischen, in diesem speziellen Fall aus der Region um Wetzlar.

Was bedeutet in und um Wetzlar „mackelich"?

A fehlerhaft
B sexuell aktiv
C fleischig
D wacklig

STADT LAND FLUSS

Die richtige Lösung ist A, in Bayern. Ein großer Teil des Spessarts liegt im angrenzenden Bayern. Begrenzt wird er im Wesentlichen von drei Flüssen: vom Main, der Kinzig und der Sinn. Daher lernen hessische Grundschüler auch den Merksatz: „Kinzig, Sinn und Main schließen rings den Spessart ein." Ursprünglich war dieses große Waldgebiet ein kaiserlicher Bannforst, was bedeutete, dass nur der Kaiser dort zur Jagd gehen durfte. Das hat auch Friedrich I. Barbarossa getan – und dort die liebreizende Gela kennengelernt, zu deren Erinnerung er 1170 die Stadt Gelnhausen im Spessart gegründet hat. Die dichten Wälder des Spessarts waren ein Eldorado für Diebe, denn durch die Wälder führten mehrere bedeutende Handelswege. Die Kaufleute mussten an die Landesherren – und deren waren es viele – Wegezoll zahlen und nicht selten wanderte das Geld nicht in die Kasse der Obrigkeit, sondern in den Säckel der Räuber. Dem Treiben der Räuberbanden hat Wilhelm Hauff in seiner Erzählung „Das Wirtshaus im Spessart" ein literarisches Denkmal gesetzt – und viele werden sich auch an den gleichnamigen Film mit Liselotte Pulver erinnern. Heute teilen sich zwei Bundesländer diese Landschaft – wobei natürlich der hessische Teil der schönere ist ...

Informationen zum Naturpark Hessischer Spessart unter:

Zweckverband Naturbark Hessischer Spessart
Georg-Hartmann-Straße 5-7
63637 Jossgrund-Burgjoß
Tel.: 06059 906783
www.spessart.de

MACHT UND MACHER

Richtig ist Antwort A: das größte deutsche Weingut. Kloster Eberbach verfügt über rund 250 Hektar Anbaufläche, die sich auf fünf Weinbaudomänen im Rheingau und eine an der Bergstraße verteilen. Schon bald nach der Gründung des Klosters wurde hier Wein gemacht, davon zeugen die alten Weinpressen und Arbeitsgeräte der Mönche, die man in den Gebäuden des ehemaligen Klosters besichtigen kann. 1803 wurde das Kloster säkularisiert – also der Kirchenbesitz verstaatlicht –, doch der Weinbau wurde weiter betrieben. Seit 1945 gehört das Weingut dem Land Hessen, trägt den Namen „Hessische Staatsweingüter GmbH Kloster Eberbach" und produziert jährlich ca. 2,5 Millionen Flaschen Wein und Sekt. Besonders beliebt sind übrigens die Riesling-Weine – zum Wohl!

Ausflugtipp:

Die ehemalige Abtei liegt oberhalb der Rheingauer Weinberge in der Nähe von Eltville. Sie gilt als die am besten erhaltene Klosteranlage in Europa und kann täglich besichtigt werden.

Kontakt:
Kloster Eberbach
65346 Eltville am Rhein
Tel.: 06723 9178100
www.kloster-eberbach.de

KLATSCH UND LEUTE

Richtig ist B: am Straßenstrich auf der Wolfhager Straße. Damit liegt das Foto-Motel mitten in Kassel zwischen dem Kulturbahnhof und dem Uni-Campus. Die Hotelzimmer befinden sich in einem ehemaligen Bordell der Hells Angels, das die Eckarts kauften und in ihr benachbartes kulturelles Zentrum integrierten. Dafür erhielten sie 2011 sogar den Kulturförderpreis der Stadt Kassel.

VERGISSMEINNICHT

Richtig ist B: In Schlitz – und das wird in dem Buch auch ausdrücklich so gesagt. Gudrun Pausewang, die 1928 in der ehemaligen Tschechoslowakei geboren wurde, lebt selbst seit 1972 in der osthessischen Stadt. Dort war sie bis zu ihrer Pensionierung 1989 Lehrerin. Als sie unter dem Eindruck der Reaktorkatastrophe von Tschernobyl „Die Wolke" schrieb, machte sie ihre Heimatstadt zum Handlungsort. Doch damit nicht genug: Janna-Berta, die Hauptfigur des Buches, verschlägt es auch nach Bad Hersfeld, Herleshausen und Wiesbaden. So schön es ist, diese hessischen Städte im Buch wiederzufinden, so beklemmend ist natürlich der Inhalt rund um die fiktive Strahlenkatastrophe.

MUNDART

C ist hier die richtige Antwort: fleischig. Eine Fleischtomate kann zum Beispiel so richtig schön mackelich sein – also drall und prall.

WO BIN ICH?

Für das folgende „WO BIN ICH?" haben sich die Kinder der Grundschule Marker Breite in Korbach ins Zeug gelegt und ein beliebtes hessisches Ausflugsziel mit ihren eigenen Worten beschrieben. Und das bedeutet nun: höchste Konzentration – und ganz viel Fantasie!

- da machen viele von der Niederlande Urlaub
- man kann dort sehr gut auf Bäume klettern und dann langlaufen
- da kann man auch durch einen Urwald gehen
- da gibt es ein Schloss, das steht ganz oben auf einem Berg
- und da kann man mit so Kabinen hinauffahren
- das ist eigentlich so ... blau
- die Leute können im Urlaub dort ganz viel machen, Tretbootfahren und schwimmen und so
- und um das Ding herumwandern
- ich habe neben der Mauer schon mal einen angeln gesehen
- an der Stelle waren mal drei Dörfer
- vor über hundert Jahren
- und nur wenn man ganz tief taucht, dann sieht man noch die Dächer
- die haben das Ding gebaut, damit die Schiffe auf dem Fluss genug Wasser hatten
- aber das war schon ein bisschen gemein für die Leute, die da gewohnt haben
- und damit das Wasser nicht über die Mauer läuft, haben die so Löcher in die Mauer reingemacht
- aber das sind nicht die Löcher, die der Krieg da reingeschossen hat
- der See ist fast so wie eine Badewanne
- und man kann mit ihm Strom machen

Welches hessische Ausflugsziel haben die Kinder beschrieben?

A Edersee	**B Grube Messel**
C Bergpark Wilhelmshöhe	**D Lahntal**

MACHT UND MACHER

Wie in anderen Bundesländern ist auch in Hessen die Beflaggung von öffentlichen Gebäuden fest geregelt. Beflaggt wird immer dann, wenn Wahlen stattfinden. Daneben gibt es aber noch zehn weitere regelmäßige Termine im Jahr, an denen die Flaggen herausgeholt werden. Die Frage ist aber:

An welchem Tag werden nur in Hessen und Bayern die öffentlichen Gebäude beflaggt? Am ...

A 9. Mai | **B** 17. Juni

C 20. Juli | **D** 1. Dezember

KLATSCH UND LEUTE

Seit 2005 gibt es die Sendung „Dings vom Dach" im hr-Fernsehen. In über 330 Folgen wurden etwa 2700 geheimnisvolle und ungewöhnliche Gegenstände aus Alltag und Beruf vorgestellt, von denen das prominente Rateteam fast 1200 erraten konnte. Zum Kult geworden sind im Laufe der Zeit die Einspielfilme, in denen die mögliche Funktion eines

Gegenstandes sowohl in einer wahren als auch einer falschen Geschichte präsentiert wird.

Wer stellt in den „Wahr-oder-falsch"-Einspielfilmen bei „Dings vom Dach" ungewöhnliche Dinge vor?

A Knecht Werner
B Hausmeisterin Ute
C Schlossergehilfe Hans
D Landfrau Ilse

VERGISSMEINNICHT

Automaten sind heute aus dem alltäglichen Leben nicht mehr wegzudenken. Ballerinas für schmerzende High-Heels-Füße, Eier zum Frühstück, Zahnbürsten für den Morgen danach – das alles kann man sich heute aus dem Automaten ziehen. Das war in den 1970er-Jahren noch anders: Da kannten die meisten nur Zigaretten- und Süßigkeitenautomaten. 1981 sollte sich das aber ändern, denn in Darmstadt wurde deutschlandweit der erste Automat einer ganz besonderen Art aufgestellt.

Was konnte man 1981 in Darmstadt deutschlandweit zum ersten Mal aus einem Automaten ziehen?

A Kautschukkondome
B Automatenbriefmarken
C Schnellzugfahrkarten
D Instanthundefutter

MUNDART

„Flerschemerisch" – so heißt die Mundart, die man in Flörsheim am Main, zwischen Frankfurt und Mainz gelegen, spricht. Und weil die so schön klingt, folgt hier nun ein schönes „flerschemerisches" Wort, das es zu erraten gilt.

Was bezeichnet der Flörsheimer als „Riwwerniwwer"?

A kleine Fähre
B Schleife
C untreue Frau
D Radiergummi

WO BIN ICH?

Wer schon einmal dort gewesen ist, hat ihn sofort erkannt: Lösung A – den Edersee. Er liegt im schönen Nordhessen, im Naturpark Keller-wald-Edersee, und bietet nicht nur den vielen Gästen aus den Niederlanden ein umfangreiches Freizeitangebot. Schwimmen, Segeln, Tauchen, Tretbootfahren und selbstverständlich Angeln kann man im und am Wasser, fast noch mehr gibt es drumherum zu entdecken. Zum Beispiel den „Tree Top Walk", eine imposante Stahl- und Holzkonstruktion, die vom Boden hinauf bis in eine Höhe von 30 m in die Wipfel der Bäume führt – oder den Urwaldsteig, auf dem man entlang der Steilhänge durch urwüchsigen Wald den Edersee umwandern kann. Eine Kabinenbahn fährt hinauf zum Schloss Waldeck, einer Burganlage aus dem 12. Jahrhundert, von wo aus man einen fantastischen Rundblick über den See hat. Besonders fasziniert waren die Kinder von der Baugeschichte der Edersee-Staumauer. Dass tatsächlich drei Dörfer geräumt und überflutet wurden, war für sie unvorstellbar – und vollends spannend wurde es, als sie von den Mauerresten im See erzählen durften. 1908 bis 1914 wurde an der Ederseetalsperre gebaut, deren Aufgabe es ist, in Niedrigwasserzeiten Wasser über die Eder und die Fulda in die Weser abzugeben, um dort den Schiffsverkehr aufrechtzuerhalten. Außerdem dient die Talsperre dem Hochwasserschutz und der Energiegewinnung durch die Nutzung der Wasserkraft.

Informationen zum Edersee:

Edersee Touristik GmbH
Hemfurther Straße 14
34549 Edertal-Affoldern
Tel.: 05623 99980
www.edersee.com

MACHT UND MACHER

Hier stimmt die Antwort D: am 1. Dezember. An diesem Tag trat nämlich 1946 die hessische Verfassung in Kraft – sozusagen der Geburtstag des Landes Hessen. Und wie es sich für eine Geburtstagsfeier gehört, wird das Geburtstagskind dann auch fein gemacht – mit der Landesflagge. In Bayern wurde an genau diesem Tag die Verfassung des Freistaates Bayern durch einen Volksentscheid angenommen, in Kraft trat sie dann aber erst am 8. Dezember. Trotzdem flattern schon am 1. Dezember in Bayern die Flaggen, denn geboren war das Kind sozusagen ja schon, es hatte nur noch keinen Namen. Und der Vollständigkeit halber hier noch die Erklärung der anderen Antwortmöglichkeiten: Der 9. Mai ist der Europatag, der 17. Juni erinnert an den Aufstand in der DDR im Jahr 1953 und der 20. Juli an das Attentat auf Hitler 1944. An diesen Gedenktagen wird bundesweit beflaggt.

KLATSCH UND LEUTE

Wer kennt sie nicht, die Landfrau Ilse mit der Antwortoption D. Mit vollem Namen heißt sie übrigens Ilse Ruckelshaußen und ist eine echte hessische Landfrau aus Groß-Gerau. Bereits seit 2005 gehört sie zum festen Inventar der Sendung „Dings vom Dach“, in der ein Promiteam die Bedeutung kurioser Gegenstände erraten muss. Ilse ist quasi die

Expertin und stellt in den kleinen Einspielfilmen ihre „Dingse" vor – einmal mit der richtigen und einmal mit einer hanebüchenen Erklärung dazu.

VERGISSMEINNICHT

Antwort B stimmt, Automatenbriefmarken. Diese postalische Neuerung bedeutete eine kleine Revolution, denn endlich war man nicht mehr von den Schalteröffnungszeiten der Post abhängig. Am 5. Januar 1981 wurde in Darmstadt am Luisenplatz der erste Briefmarkenautomat dieser Art, offiziell „Münzwertzeichendrucker" genannt, aufgestellt. In den folgenden Jahren konnte man an über 28.000 Automaten seine Briefmarken ziehen – heute gibt es bundesweit nur noch rund 5000 dieser Geräte. Der Grund dafür liegt auf der Hand: Durch das Internet ist es inzwischen möglich, sich Postwertzeichen schnell und bequem zu Hause auszudrucken.

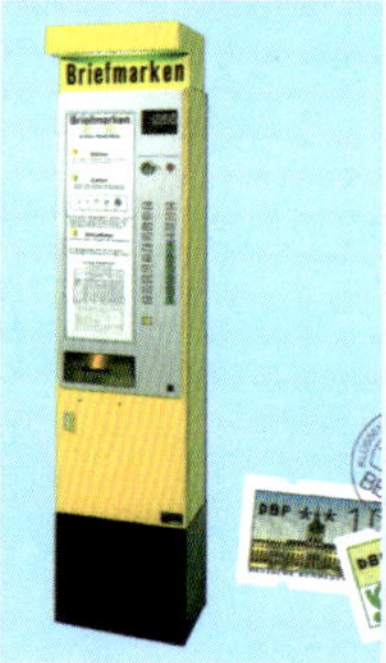

MUNDART

Lösung B stimmt hier: Es ist eine Schleife. Genauer gesagt ist es eine Fliege und diese wird ja „riwwer und niwwer" – also zur einen Seite und dann wieder zur anderen – gebunden.

STADT LAND FLUSS

Jedes Jahr im Mai geht es im osthessischen Sinntal rund: Tausende Besucher aus ganz Deutschland kommen dann in den kleinen Ortsteil Sterbfritz, um sich dort etwas sehr Außergewöhnliches anzusehen.

Welche Besonderheit lockt jedes Jahr viele Besucher nach Sterbfritz?

A ein Grusel-Musical **B kopulierende Kröten**

C Trauerweiden **D Orchideen**

MACHT UND MACHER

1863 wurde in Hoechst am Main die „Theerfarbenfabrik Meister, Lucius & Co." gegründet, die sich der kostengünstigen Herstellung von künstlich hergestellten Farbstoffen widmete. Nach und nach wurde aus dem kleinen Unternehmen eine florierende Farbenfabrik, die ab 1883 auch synthetische Arzneimittel produzierte und sich zum bekannten Pharmakonzern Hoechst entwickelte. 2005 übernahm der französische Pharma-Gigant Sanofi das traditionsreiche Frankfurter Unternehmen. Sanofi blieb der Mainmetropole glücklicherweise treu und produziert hier am größten Standort in Deutschland weiterhin einen bedeutenden Arzneistoff. Und folgerichtig lautet nun die Frage:

Der Pharma-Konzern Sanofi betreibt im Industriepark Höchst die weltweit größte Produktionsstätte für ...?

A Cortison **B Botox**

C Insulin **D Potenzpillen**

KLATSCH UND LEUTE

Zierenberg ist eine Kleinstadt im Landkreis Kassel und ein staatlich anerkannter Erholungsort. „Golfen, Segelfliegen und Natur erleben" ist der Werbespruch der historischen Fachwerkstadt – und doch gibt es dort noch viel mehr zu entdecken. Hier befindet sich nämlich auch der Handwerksbetrieb von Christopher Bayer. Der Zierenberger hat nämlich etwas erfunden, das es so zuvor noch nicht gab ...

Was stellt der Zierenberger Christopher Bayer in seiner Werkstatt her?

A Brennnesselunterhosen

B Ahle-Worscht-Schokolade

C Solarwaschmaschine

D Aal-Leder-Handschuhe

VERGISSMEINNICHT

Ende des 18. Jahrhunderts ließ der regierende Graf von Hanau, der zudem Erbprinz von Hessen-Kassel war, die Kur- und Parkanlage Wilhelmsbad erbauen. Zur Finanzierung vermietete er – wie schon vor ihm sein Vater Friedrich II. von Hessen-Kassel – hessische und Hanauer Soldaten an den britischen König, seinen Onkel. Klar, dass er

somit über die nötigen Gelder verfügte und beim Bau nicht kleckern, sondern klotzen konnte. So entstand eine großzügige Badanlage mit einem kleinen Theater, dem „Comoedienhaus", und einem ausgedehnten englischen Landschaftspark. Eine wirkliche Sensation aus der damaligen Zeit kann man noch heute im Parkgelande von Wilhelmsbad bestaunen.

Was findet man in der Kur- und Parkanlage Wilhelmsbad bei Hanau? Das weltweit älteste ...

A mobile Badehaus **B Kneipp-Tretbecken**

C feststehende Karussell **D Porzellan-Wasserklosett**

MUNDART

Großmütter haben für jede Gelegenheit eine Weisheit parat. So auch die Großmutter von Jörg Gante aus Gottsbüren bei Trendelburg, die ihrem Enkel einen wichtigen kulinarischen Tipp mit auf den Weg gegeben hat.

„Will ick euck mal wat vertellen: Miene Chroßmudder het jümmer jesacht, de Kocken schmecket am besten nach der Liche."

Wann schmeckte – laut Jörgs Großmutter – der Kuchen am besten? Nach ...

A der Beerdigung **B dem Mittagsschlaf**

C der Gartenarbeit **D einer Woche**

STADT LAND FLUSS

Richtig ist die Antwort D: Orchideen. In Sterbfritz befindet sich nämlich die artenreichste Population von Orchideen in ganz Hessen. Ursache hierfür ist die besondere Lage im Sinntal, das zu den wenigen naturnahen Flusstälern in Deutschland gehört. Durch die Rodung des flussnahen Waldes und die frühere Bewirtschaftung der Wiesen hat sich ein einzigartiger Lebensraum für Orchideen gebildet. Sie blühen vor allem im Mai und können dann auf einem 13 km langen Rundwanderweg bewundert werden.

Ausflugtipp:

Orchideen-Wanderung im Sinntal

Kontakt:

Verkehrsbüro der Gemeinde Sinntal
Am Rathaus 11
36391 Sinntal-Sterbfritz
Tel.: 06664 800
www.sinntal.de

MACHT UND MACHER

C ist die richtige Lösung: Insulin. Auf dem Gebiet der Insulinproduktion hatten die Frankfurter einfach die meiste Erfahrung – wurde doch hier bereits 1923 die erste industrielle Insulinproduktion aufgenommen. Damit ist das Spitzenprodukt des Fertigungsstandorts Frankfurt-Hoechst *der* hessische Exportschlager des Pharmaunternehmens – täglich werden bis zu einer Million Ampullen hergestellt. Überhaupt ist Frankfurt-Hoechst ein im Sanofi-Konzern einmaliger Verbund, von der Forschung bis zum Versand von Fertigarzneimitteln für den deutschen Markt sowie 85 weitere Länder weltweit. Etwa 7300 Mitarbeiter arbeiten hier in Forschung und Entwicklung, Produktion und Fertigung sowie in der Verwaltung.

KLATSCH UND LEUTE

Wer jetzt glaubt, dass B, die Ahle Worscht Schokolade, tatsächlich richtig ist, darf sich freuen. Christopher Bayer ist nämlich Konditormeister und hat sich zum Ziel gesetzt, regionale hessische Produkte zu feinen Pralinen und Schokoladen zu verarbeiten. Nach dem Motto „Salziges passt gut zu Süßem" kippt er in flüssige Vollmilchschokolade kleingewürfelte Ahle-Worscht-Stückchen. Die Masse erkaltet dann zu einer großen Schoko-Platte, aus der Christopher Bayer unterschiedlich große Stücke bricht. Die merkwürdig klingende Kombination, die der Zierenberger als einziger Konditor überhaupt herstellt, schmeckt überraschend gut.

Bayer bietet aber noch weitere regional gefärbte Leckereien an wie zum Beispiel die „Hessenpraline Rodheim" mit Apfelbrand aus Rodheim oder die „Bergparkpraline" mit Esskastanien aus dem Bergpark Wilhelmshöhe.

VERGISSMEINNICHT

Richtig ist Antwort C: das weltweit älteste feststehende Karussell. 1780 wurde es auf einem künstlichen Hügel inmitten des Landschaftsparks Wilhelmsbad bei Hanau errichtet und zunächst von Leibeigenen, später von Pferden oder Ochsen angetrieben – die im Inneren des Hügels den komplizierten Mechanismus in Bewegung bringen mussten. Oben im Karussell saßen die Herren auf den Holzpferden, während die Damen in den Kutschen Platz nahmen. Im 19. Jahrhundert wurde das Karussell durch Krieg und mutwillige Zerstörungen mehrfach beschädigt, konnte aber wieder repariert werden. 1929 kam das endgültige Aus: Die Gesamtkonstruktion senkte sich und der Fußboden blockierte – scheinbar unwiderruflich – den Antrieb. Allen Unkenrufen zum Trotz gründete sich 1998 ein Förderverein für das Karussell, dessen Initiative es zu verdanken ist, dass sich das einmalige Kulturdenkmal im Wilhelmsbader Staatspark seit Juli 2016 wieder drehen kann.

Ausflugtipp

Eine Runde auf dem einzigartigen Karussell im Staatspark Wilhelmsbad drehen

Informationen unter:
06047 9896250
www.karussell-wilhelmsbad.de

MUNDART

Auch wenn es ein bisschen makaber klingen mag, ist die Antwort A richtig: nach der Beerdigung. Und das scheint weltweit so zu sein, denn die Tradition des „Leichenschmauses" oder „Beerdigungskaffees" ist in vielen Kulturen verbreitet – was Jörgs Oma ganz bestimmt wusste.

„Ich will euch mal was erzählen: Meine Großmutter hat immer gesagt, der Kuchen schmeckt am besten nach der Beerdigung."

hessenquiz
13

STADT LAND FLUSS

In einem Quiz über Hessen darf eine Frage zu ihr natürlich nicht fehlen – gemeint ist die Eder. Sie durchquert das Bundesland von West nach Ost und fließt dabei durch herrliche Landschaften. Ökologisch ist die Eder von großer Bedeutung und einige Gebiete stehen sogar unter Naturschutz, besonders die Auenlandschaften, die unter anderem dem Eisvogel einen Lebensraum bieten. Für Hessen ist die Eder buchstäblich Gold wert, denn einer ihrer Zuflüsse, der Goldbach, führt tatsächlich Gold mit sich – schließlich gilt der nahe gelegene Eisenberg als die größte Goldlagerstätte Deutschlands. Genug Schwärmerei – hier kommt nun die geografische Frage zur Eder:

Welcher der folgenden Orte liegt an der Eder?

A Darmstadt **B Stadtallendorf**

C Büdingen **D Fritzlar**

MACHT UND MACHER

An der hessischen Bergstraße liegt am Rande des Odenwaldes die Stadt Heppenheim. Bekannt ist sie vor allem als Weinstadt – dabei wird hier noch etwas anderes hergestellt, mit dem ein Unternehmen in ganz Europa bekannt ist.

Welche Leckerei wird in Heppenheim jedes Jahr tonnenweise produziert?

A Obstkompott **B Milchschnitten**

C Eis **D Kaugummi**

KLATSCH UND LEUTE

Sie gilt als eine der besten Krimiautorinnen Deutschlands und hat sich mit ihrer Taunuskrimi-Reihe um die Kommissare Oliver von Bodenstein und Pia Kirchhoff in die Herzen und die Albträume ihrer Leser geschrieben. Ihr Roman „Schneewittchen muss sterben" stürmte im Juni 2010 die Bestsellerlisten und wurde in 31 Länder verkauft. Wen wundert es da noch, dass diese Schriftstellerin in Hessen lebt?

Wie heißt die erfolgreiche Krimiautorin, deren Romane meist im Vordertaunus spielen?

A Ingrid Noll **B Donna Leon**

C Nele Neuhaus **D Thea Dorn**

VERGISSMEINNICHT

Die Idee für die folgende Frage kommt von der hessenquiz-Zuschauerin Marietta Menke aus Taunusstein. Beim Stöbern in der hessischen Geschichte ist sie auf einen bedeutenden Herren gestoßen, der in ihrem Heimatort Taunusstein, nämlich im Stadtteil Wehen, 1825 geboren wurde: Emil Erlenmeyer. Er studierte in Gießen und Heidelberg und wurde Professor in München. Später lebte er einige Zeit in Frankfurt und Aschaffenburg, wo er 1909 auch starb. Als Mensch kennt man ihn weniger, doch sein Name ist heute noch immer geläufig, denn er hat etwas erfunden, das alle aus der Schule sehr gut kennen.

Aus welchem Schulfach kennt man die Erfindung von Emil Erlenmeyer? Aus dem Fach ...

A Chemie **B Deutsch**

C Religion **D Mathematik**

MUNDART

Die hessische Mundart macht einfach nur Spaß – vor allem, wenn man ein so schönes Wort wie das folgende vorstellen darf:

Wenn unsere Urgroßeltern von einem „Prahlhänsje" sprachen, dann meinten sie einen ...?

A Zuchthahn **B Angeber**

C Gehrock **D Vitrinenschrank**

STADT LAND FLUSS

Richtig ist Lösung D: Fritzlar. Sie liegt als einzige der vier Städte an der Eder, die anderen befinden sich südlich davon. Fritzlar trägt den Beinamen „Dom- und Kaiserstadt", was sich auf ihre beeindruckende Geschichte bezieht. Gegründet wurde Fritzlar von keinem Geringeren als dem heiligen Bonifatius, der ganz in der Nähe die Donareiche, ein germanisches Heiligtum, fällte und damit die Heiden bekehrte. Aus dem Holz dieser Eiche baute Bonifaius ein Bethaus, aus dem sich der heutige Dom St. Peter entwickelte. Jahre später ließ Karl der Große eine Kaiserpfalz in Fritzlar errichten. Viele deutsche Könige und Kaiser hielten sich dort auf und veranstalteten Reichstage, Versammlungen und Synoden. Ab dem 11. Jahrhundert ging Fritzlar in den Besitz der Mainzer Erzbischöfe über, damit verlor die Stadt ihre Bedeutung als Ort der Reichspolitik. Heute erinnern noch der mittelalterliche Stadtkern mit Dom und Stadtmauer an die großen Zeiten der Dom- und Kaiserstadt Fritzlar.

Ausflugtipp

Die Dom- und Kaiserstadt Fritzlar erleben

Informationen unter:

Touristinformation
Zwischen den Krämen 5
34560 Fritzlar
Tel.: 05622 988643

MACHT UND MACHER

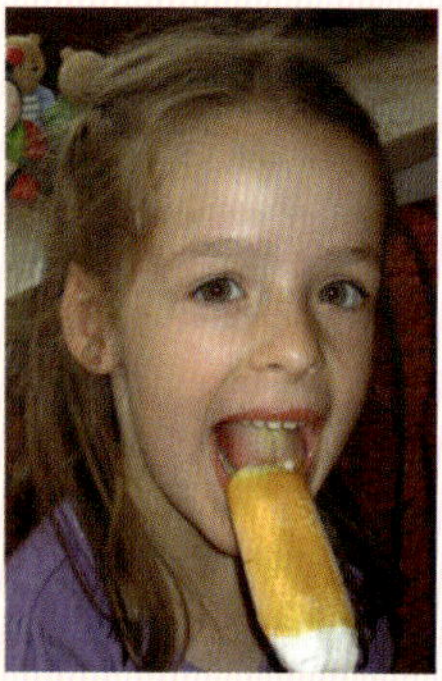

Schleckermäuler haben es gewusst: C ist richtig, denn in Heppenheim steht die größte Eisfabrik Europas, die auch für viele andere europäische Länder Speiseeis produziert. Jährlich werden hier von rund 600 Mitarbeitern über 1,5 Milliarden Portionen Speiseeis hergestellt – zum überwiegenden Teil der Marke „Langnese". Klassiker sind natürlich die „Eis-am-Stil"-Spezialitäten, die seit der Einführung des praktischen Leckeises aus der Produktpalette nicht mehr wegzudenken sind.

KLATSCH UND LEUTE

Richtig ist C, Nele Neuhaus. Die Autorin wurde 1967 in Münster geboren und kam mit elf Jahren nach Hessen, da ihr Vater Landrat des Main-Taunus-Kreises wurde. Schon damals verfasste sie immer gerne eigene Geschichten. Zunächst aber entschied sie sich für das Studium der Germanistik, Geschichte und der Rechtswissenschaften und arbeitete in einer Werbeagentur. 2005 veröffentlichte Nele Neuhaus auf eigene Kosten ihr erstes Buch „Unter Haien". Beflügelt von der positiven Kritik erfand sie das Ermittlerduo Pia Kirchhoff und Oliver von Bodenstein und brachte die ersten beiden Bände im Selbstverlag heraus. Und wie das Schicksal so spielt: Ein renommierter Verlag wurde auf Nele Neuhaus' Taunuskrimis aufmerksam und nahm sie unter Vertrag. Der große literarische Durchbruch kam 2010 mit dem Roman „Schneewittchen darf nicht sterben" – seitdem gehört die im Vordertaunus lebende Schriftstellerin zu den erfolgreichsten Krimiautorinnen Deutschlands. Im Herbst 2016 erschien der achte Roman der Taunus-Ermittler mit dem Titel „Im Wald".

VERGISSMEINNICHT

Antwort A stimmt: Man kennt Emil Erlenmeyer aus der Chemie. Seine Erfindung hat bestimmt jeder schon einmal im Chemieunterricht gesehen: den Erlenmeyerkolben. Es ist ein Glasgefäß mit einem nach oben hin enger werdenden Hals. Dank dieser Verengung sinkt die Gefahr, dass bei der Zugabe von Substanzen oder beim Rühren Flüssigkeiten unkontrolliert herausspritzen können.

MUNDART

Hier stimmt die Antwort D: einen Vitrinenschrank. Früher stand so ein ausladendes Möbelstück in fast jedem hessischen Wohnzimmer – der „Gut Stubb". Mit seiner Hilfe konnte man zeigen, was man besaß und so eben ein bisschen mit seinem Besitz prahlen!

WAS IST WAS?

„WAS IST WAS?" heißt es nun zum letzten Mal und es geht noch einmal um eine prominente Persönlichkeit aus Hessen. Erklärt wird die Person von den Schülern der Grundschule in Büdingen im Wetteraukreis. Sie haben sich dem Thema mit viel Interesse angenommen und dabei die für sie wichtigsten Argumente besonders herausgestellt.

- das ist so eine Frau, die hat eine Villa
- und sie war gut in der Schule, aber das Fach wissen wir nicht mehr
- hat richtig schöne Füße und hat auch schöne Schuhe
- sie ist schon über vierzig
- aber sie sieht für ihr Alter noch echt jung aus
- sie hat gezeigt, wie man Haargummis aus kaputten Strumpfhosen machen kann
- ja, das habe ich im Internet gesehen
- manchmal erklärt die auch so Tricks mit einem Bohrer oder einem Hammer
- sie ist auch Schauspielerin und hat so Sendungen moderiert
- sie backt gerne Muffins und hat auch echt viele davon
- und sie hat zwei Söhne
- also mein Papa hat gesagt, sie hat schöne Busen
- ja, die sind richtig groß
- die ist echt sexy
- sie wurde in Frankfurt geboren
- die hat ganz lange blonde Haare mit so Locken drin
- sie hat auch schon mal ein Buch geschrieben, wie schön sie ist
- die sieht ein bisschen aus wie eine Barbiepuppe
- früher hat sie so Buchstaben umgedreht, das war bei irgendeinem Glücksrad

Welche hessische Persönlichkeit haben die Kinder der Stadtschule Büdingen beschrieben?

A Sonya Kraus **B Susanne Fröhlich**

C Petra Roth **D Constanze Angermann**

MACHT UND MACHER

Beim Thema Formel 1 haben die Hessen schon seit Jahren die (Auto-)Nase vorn: Timo Glock, Nico Rosberg und natürlich der vierfache Weltmeister Sebastian Vettel, der sich schon 2010 in das Goldene Buch der Stadt Heppenheim eintragen konnte. Aber auch aus Osthessen kommt ein ganz großer Macher in der Formel 1, nämlich die Firma Bickhardt aus Kirchheim. Sie trägt einiges dazu bei, dass die Großen des Motorsports einen Rekord nach dem anderen fahren können ...

Was macht die Kirchheimer Firma Bickhardt Wichtiges für den Rennsport? Sie ...

A testet Reifengummi.

B baut Rennstrecken.

C produziert Sporternährung.

D gibt Yoga für Rennfahrer.

KLATSCH UND LEUTE

Wer kennt sie nicht, die offizielle Hessen-Hymne? Nein, die lautet nicht „Erbarme, die Hesse komme ...", denn das ist nur die inoffizielle Hymne, auch wenn die jeder mitsingen kann. Der offizielle Preis- und Lobgesang – so definiert sich der Begriff „Hymne" – entstand schon zu Beginn des 20. Jahrhunderts: Der Kasseler Musiklehrer Albrecht Brede komponierte das Lied und der ebenfalls in Kassel geborene Lyriker Carl Preser verfasste den patriotischen Text dazu. In den 1950er-Jahren suchte das junge Bundesland Hessen nach Gemeinsamkeiten und Identität – und da kam der schwärmerische Text des „Hessenliedes" gerade recht und wurde zur Landeshymne. Und die kennt doch jeder, oder?

Wie beginnt die offizielle Hessen-Hymne? „Ich kenne ein Land, ...

A so groß und so weit."

B so reich und so schön."

C so reich und so herrlich."

D so grün und so schön."

VERGISSMEINNICHT

Die Vergissmeinnicht-Frage in dieser Runde dreht sich um die beiden Vorzeige-Hessen Jacob und Wilhelm Grimm. Die zwei Brüder waren regelrechte Arbeitstiere, sie forschten und schrieben unentwegt und gönnten sich nur wenig Muße. Da ist es kein Wunder, dass Jacob Grimm für einige selbstverständliche Dinge einfach keine Zeit besaß ...

Was empfand Jacob Grimm als reine Zeitverschwendung?

A Friseurbesuche **B Socken**

C Höflichkeitsfloskeln **D Zähneputzen**

MUNDART

In den hessischen Mundarten findet man immer wieder außergewöhnliche Begriffe für ganz alltägliche Phänomene – wie zum Beispiel diesen hier, der sich bestimmt problemlos ins Hochdeutsche übersetzen lässt.

Wer oder was ist im Oberhessischen mit einem „Uewwersteanner" gemeint? Ein ...

A Überbiss am Kiefer **B überstehendes Hausdach**

C besonders kluges Kind **D alter Junggeselle**

WAS IST WAS?

Wer hat bei dieser treffenden Beschreibung nicht auf A getippt, Sonya Kraus – schließlich wurden ihre herausragendsten Merkmale von den Kindern der Grundschule Büdingen eindeutig beschrieben. Die langhaarige Blondine mit den schönen Füßen wurde 1973 in Frankfurt geboren und war immer eine gute Schülerin – was die Kinder sehr beeindruckte. Nach dem Abitur arbeitete Sonya Kraus als Model, dann ergatterte sie beim Fernsehen den begehrten Job der „Buchstabenfee" im „Glücksrad". Aber nur Buchstaben umdrehen war nicht ihr Ding, schließlich ist sie handwerklich sehr begabt und bastelt gerne. Sie moderierte also zunächst eine Talkshow, dann eine Heimwerkersendung und ist heute oft als Moderatorin bei großen TV-Events zu sehen. Ihr Hobby hat sie zur Berufung gemacht und zeigt auf ihrem eigenen YouTube-Kanal wie man zum Beispiel Muffins backt, mit dem Bohrer richtig umgeht oder eben wie man aus kaputten Strumpfhosen Haargummis machen kann.

Die quirlige Frankfurterin, die noch immer in ihrer Geburtsstadt lebt, hat auch bereits mehrere Bücher veröffentlicht, über Torten, Männer, Babys – sie hat selbst zwei Söhne – und ihre Schönheitsgeheimnisse.

MACHT UND MACHER

Richtig ist Antwort B: Die Firma Bickhardt baut Rennstrecken – und das weltweit. 1971 wurde das Unternehmen im osthessischen Kirchheim gegründet und gehört heute zu den erfolgreichsten mittelständischen Bauunternehmen in Deutschland. Die Kernkompetenz der Firma Bickhardt Bau AG ist der klassische Verkehrswege- bzw. Straßenbau – und genau damit hat sich das hessische Unternehmen einen Namen im Formel-1-Zirkus gemacht. Die Rennstrecken stellen nämlich besondere Anforderungen an den Straßenbelag, wenn Fahrzeuge mit über 300 Stundenkilometern darüberbrettern. Bickhardt hat bereits an mehre-

ren Formel-1-Strecken in aller Welt mitgebaut, so zum Beispiel auch in Abu Dhabi, Bahrain und Shanghai sowie am Hockenheim- und am Sachsenring.

KLATSCH UND LEUTE

Die richtige Antwort ist B: ... so reich und so schön. Aber natürlich geht es nach diesen zwei Zeilen noch weiter – und damit zukünftig jeder hessenquiz-Fan die Landeshymne mitschmettern kann, folgt hier die komplette Text.

Ich kenne ein Land,
so reich und so schön,
voll goldener Ähren und Felder.
Dort grünen vom Tal bis zu
sonnigen Höhn
viel dunkel, duftige Wider.

Dort hab ich als Kind an der
Mutter Hand in Blüten und Blumen gesessen.

Ich grüß dich, du Heimat,
du herrliches Land.
Herz Deutschlands,
mein blühendes Hessenland.

Vom Main bis zur Weser,
Werra und Lahn
ein Land voller blühender Auen,
dort glänzen die Städte,
die wir alle sahn,
sind herrlich im Lichte zu schauen.

Dort hab ich als Kind an der
Mutter Hand in Blüten und Blumen gesessen.

Ich grüß dich, du Heimat,
du herrliches Land.
Herz Deutschlands,
mein blühendes Hessenland.

VERGISSMEINNICHT

Hier stimmt die Antwort A: Friseurbesuche, denn der Gang zum Haareschneiden war Jacob Grimm ein Gräuel. Viele seiner Zeitgenossen erwähnten die üppige Lockenpracht des Märchensammlers, doch seine beeindruckende Frisur kam bei Weitem nicht von einer besonderen Pflege – im Gegenteil. Ein Freund der Familie erzählte mit folgenden Worten: „Jacob ließ sich das Haar nicht eher schneiden, als bis ihm die Locken über den Rockkragen herabhingen, doch dann aber ganz befremdend kurz, um nur auf lange Zeit verschont zu sein."

MUNDART

Lösung D, der alte Junggeselle, ist richtig. Ein „Uewwersteanner" ist folglich ein Mann im fortgeschrittenen Alter, der schlicht und einfach keine Frau abbekommen hat – sozusagen ein Übriggebliebener.

STADT LAND FLUSS

In Frankfurt ist eigentlich immer etwas los, denn hier wird oft und gerne gefeiert: Wäldchestag und Dippemess mit ihren Fahrgeschäften, Fressgassfest und Weihnachtsmarkt mit kulinarischen Angeboten sowie das Museumsuferfest und die Nacht der Museen, in der die ganze kulturelle Meile am Main, wie zum Beispiel auch das Filmmuseum, illuminiert wird und den Besuchern offensteht. Ein besonderes Highlight war 2015 jedoch der 200. Geburtstag eines Museums, der Tausende von Besuchern in die Ausstellung lockte.

Welches Frankfurter Museum feierte im Mai 2015 sein 200-jähriges Bestehen?

A Städel Museum
B Architekturmuseum
C Senckenberg Museum
D Schirn Kunsthalle

MACHT UND MACHER

In Schotten-Wingershausen im Vogelsbergkreis betreibt die Familie Keil seit 1987 ein Handwerk und stellt dabei über 60 verschiedene Produkte her. Und als ob das noch nicht genug wäre, behauptet das Familienunternehmen von sich selbst, es betreibe die kleinste Manufaktur ihrer Art weltweit.

Was stellt das Familienunternehmen Keil seit 1987 in der wohl kleinsten Fabrik der Welt her?

A Türkeile
B Vibratoren
C Schokoküsse
D Torwarthandschuhe

KLATSCH UND LEUTE

Sport ist Bewegung – und auch der Sport selbst ist in Bewegung. Es gibt nämlich immer mehr neue Sportarten und man hat das Gefühl, täglich kommen neue Trends hinzu. Dabei sind die Erfinder der Trendsportarten durchaus kreativ: Aus dem normalen Polo zu Pferde wird „Bike-Polo", der moderne „Crossgolfer" schlägt seinen Ball quer durch die Stadt und beim „Slacklining" balancieren zwischen zwei Bäumen die Sportler auf einem elastischen Nylonband. Tim Simmert und seinen Freunden aus Friedrichsthal im Taunus war das alles viel zu langweilig. Darum haben sie sich in anderen Ländern umgeschaut und wurden in Amerika und Großbritannien fündig. 2013 gründeten sie im Taunus das erste offizielle deutsche Team im ... Und genau das ist die Frage:

Welche ungewöhnliche Sportart üben Tim Simmert und sein Team aus?

A Pfannen-Tennis | **B Quidditch**

C Sperrmüllweitwurf | **D Wasserbomben-Volleyball**

VERGISSMEINNICHT

Trendelburg ist eine kleine Gemeinde mit rund 5000 Einwohnern im Landkreis Kassel und liegt äußerst malerisch zwischen Hofgeismar und Bad Karlshafen am Rande des Reinhardswalds. Das Leben könnte hier sicherlich sehr ruhig sein, wenn Trendelburg nicht etwas so Außergewöhnliches zu bieten hätte, dass selbst Hollywood und Walt Disney Adventure Tours auf sie aufmerksam wurden. Regelmäßig kommen deshalb Reisegruppen aus aller Welt in die kleine Gemeinde, um ein besonderes Bauwerk zu bestaunen.

Welches Bauwerk zieht Touristen aus aller Welt nach Trendelburg?

A der Rapunzelturm | **B das Dornröschenschloss**
C der Frau-Holle-Brunnen | **D die Teufelsmühle**

MUNDART

Kulinarische Vorlieben hat wohl jeder – so auch Lisa Steinbrecher aus Zella bei Willingshausen. Sie stellt uns jetzt in Schwälmer Mundart ihr Lieblingsgericht vor.

„Ich verrot üsch mal was: Schu als Kend hun ich mich immer gefräb, wanns dahem wieder Süremüs gob."

Über welches Gericht hat sich Lisa schon als Kind gefreut? Über ...

A Wackelpudding | **B türkischen Eintopf**
C Apfelmus | **D Sauerkraut**

STADT LAND FLUSS

Natürlich ist A richtig: das Städel Museum am Main. Benannt ist das Museum nach dem Frankfurter Bankier und Kaufmann Johann Friedrich Städel, der 1815 sein gesamtes Vermögen und seine Kunstsammlung den Bürgern der Stadt Frankfurt vermachte. Damit war er der erste deutsche Bürger, der ein öffentliches Kunstmuseum und eine Kunstakademie stiftete. Heute ist es eines der renommiertesten Museen in Europa. Den 200. Geburtstag feierte das „Städelsche Kunstinstitut" mit einem großen Bürgerfest und zahlreichen Sonderausstellungen – und am Ende beschenkte sich das Geburtstagskind auch selbst mit einigen bedeutenden Neuerwerbungen.

Ausflugtipp
Städel Museum
Schaumainkai 63
60596 Frankfurt am Main
Tel.: 069 605098200
www.staedelmuseum.de
Das Städel Museum ist wie alle Frankfurter Museen montags geschlossen.

MACHT UND MACHER

Hier stimmt die Antwort C: Schokoküsse. Aber wie eine richtige Fabrik mit rauchenden Schornsteinen darf man sich das kleine Unternehmen in Osthessen nicht vorstellen. Zwar werden hier täglich bis zu 10.000

Schokoküsse in 60 verschiedenen Geschmacksrichtungen hergestellt, doch misst der Raum, in dem dies geschieht, gerade einmal 30 Quadratmeter!

Ausflugtipp

Besichtigung der kleinsten Manufaktur der Welt

Informationen unter:
Keil Süßwarenherstellng
Untere Weinbergstraße 5
63679 Schotten
06044 3128
www.keil-suesswaren.de

KLATSCH UND LEUTE

Hier stimmt die Antwort B: Quidditch. Sollte jemand dieses actionreiche Spiel aus den Harry-Potter-Romanen nicht kennen, sei es hier kurz erklärt: Beim Quidditch treten zwei Mannschaften mit je sieben Spielern gegeneinander an und spielen eine Art Rugby-Handball mit mehreren Bällen auf fliegenden Besen in der Luft. Tim Simmerts und seine Freunde gründeten 2013 das erste offizielle deutsche Quidditchteam mit dem Namen „Taunus Thestrals" – benannt nach den mystischen Pferden im Harry-Potter-Universum. Da der normale „Muggel" – also Nicht-Zauberer – nun einmal nicht fliegen kann, wurde das Spiel für die Realität abwandelt. Statt auf Besen zu fliegen, werden diese zwischen die Beine geklemmt und stellen so eine gewollte Bewegungseinschränkung dar. Die meisten Grundregeln dagegen ähneln denen des Zauberer-Quidditch aus dem Harry-Potter-Buch und eine ganz wichtige Regel ist: Der Ball – hier der Quaffel – muss durch die gegnerischen Torringe geworfen werden. Das kommt einem „Muggel" dann doch recht bekannt vor ... Tim Simmert gehört inzwischen übrigens dem Vorstand des Deutschen Quidditch Bundes (DQB) an und hatte gemeinsam mit seinen

Vorstandskollegen im Sommer 2016 die Ehre, die Quidditch Weltmeisterschaft in Frankfurt auszurichten. Deutschland belegte am Ende von 21 Ländern Platz 11. Fast ein bisschen magisch …

VERGISSMEINNICHT

A ist die Lösung, der Rapunzelturm. Der 40 m hohe Turm mit seinen bis zu 7 m dicken Wänden sieht tatsächlich so unnahbar aus, wie ihn das Märchen der Brüder Grimm beschreibt. Seit Jahren finden deshalb für Touristen aus aller Welt – ob Hollywood oder Hessen – spezielle Führungen statt, bei denen der Bergfried bestaunt werden kann. Wer die 130 Stufen in seinem Inneren nicht scheut, kann die fantastische Landschaft Nordhessens vom Rapunzelturm aus im Rundumblick genießen.

Ausflugtipp

Am Sonntagnachmittag Rapunzel besuchen, wenn sie sich an ihrem Turmfenster zeigt

Informationen unter:
Touristik Trendelburg
Am Brunnen 6
34388 Trendelburg
Tel.: 05675 749918
www.trendelburg.de

MUNDART

Lisas kulinarische Vorliebe ist ganz klar D: das Sauerkraut. So banal diese hessische Spezialität erscheinen mag – es gibt unzählige Rezeptideen, die einem richtig Lust auf den vergorenen Weißkohl machen können: Wie wäre es mit einem Sauerkraut-Salat oder einer Kraut-Lasagne, einer Sauerkrautsuppe oder Pfannkuchen mit Sauerkraut … Hauptsache „Süremüs", wie der Schwälmer zu sagen pflegt.

„Ich verrate euch mal was: Schon als Kind habe ich mich immer gefreut, wenn es daheim wieder Sauerkraut gab."